مركز القانون العربي والإسلامي
Centre de droit arabe et musulman
Zentrum für arabisches und islamisches Recht
Centro di diritto arabo e musulmano
Centre of Arab and Islamic Law

I0393642

GEMISCHTE
EHEN MIT MUSLIMEN
die Schweiz betreffend
(mit Mustervertrag in sechs Sprachen)

Sami A. Aldeeb Abu-Sahlieh

Dieses Buch kann beim Verleger erworben werden
www.amazon.com
Zweite Auflage, 2012

Zentrum für arabisches und islamisches Recht
Im Mai 2009 gegründet, bietet das Zentrum juristische Beratung, Vorträge, Übersetzungen, Forschung und Kurse im arabischen und islamischen Recht und zu den Beziehungen zwischen Muslimen und dem Westen. Er erlaubt ebenfalls, gratis viele Dokumente von der Website www.sami-aldeeb.com herunterzuladen.

Der Autor
Sami A. Abu-Aldeeb Sahlieh. Christ palästinensischer Abstammung. Schweizer Staatsbürger. Doktor der Rechte. Befähigung zur Leitung von Forschungsarbeiten (HDR). Professor der Universitäten (CNU-Frankreich). Verantwortlicher für arabisches und islamisches Recht am Schweizerischen Institut für Rechtsvergleichung (1980-2009). Gastprofessor an verschiedenen Universitäten in Frankreich, Italien und der Schweiz. Direktor des Zentrums für arabisches und islamisches Recht. Autor zahlreicher Bücher und Übersetzer des Korans auf Französisch, Italienisch und Englisch.

Verlag
Centre de droit arabe et musulman
Ochettaz 17
Ch-1025 St-Sulpice
Telefon: 0041 [0]21 6916585
Mobile: 0041 [0]78 9246196
Website: www.sami-aldeeb.com
Email: sami.aldeeb@yahoo.fr

Inhaltsverzeichnis

Einführung

Die Ehe ist ein besonderer Vertrag zwischen zwei Personen, die willens sind, ihren Weg gemeinsam zu gehen, wenn immer möglich für das ganze Leben. Es handelt sich dabei aber nicht nur um einen gewöhnlichen privatrechtlichen Vertrag. Durch die Erklärung der zukünftigen Ehegatten vor dem Zivilstandsbeamten entsteht von Gesetzes wegen ein Rechtsverhältnis mit eigenen Regeln, die sich der freien Verfügung durch das Ehepaar weitgehend entziehen.

Jede Ehe bringt auch eine gewisse Anzahl Probleme mit sich, unabhängig davon, welcher Nationalität oder Religion die Partner angehören. Um Schwierigkeiten soweit als möglich zu vermeiden, sollten die zukünftigen Eheleute bereits vor der Trauung gut informiert sein, damit sie

- genau wissen, welches ihre Rechte und Pflichten sind und sein werden,
- und dementsprechend in Kenntnis der Lage aus freien Stücken und nach Treu und Glauben bereit sind, diese Rechte und Pflichten zu übernehmen.

Es ist für jedes Paar äusserst wichtig, sich genau zu informieren, bevor es sich definitiv bindet; dies ist allerdings schwieriger, wenn die zukünftigen Ehepartner verschiedenen Kulturen angehören. Aus diesem Grunde ist es wesentlich, sich genügend Zeit zu nehmen, um individuell, gemeinsam mit dem Partner und mit einer neutralen Vertrauensperson sich alles genau zu überlegen und bereits vor der Eheschliessung zu einem gemeinsamen Einvernehmen zu gelangen.

Gewiss mag ein Aufenthalt des Schweizer Partners im Lande seines zukünftigen Gatten nützlich und empfehlenswert sein. Jedoch sind die juristischen Probleme und die lokalen Bräuche oft nicht leicht ersichtlich, vor allem dann nicht, wenn man weder die Sprache noch die Gesetze kennt, und noch viel weniger, wenn man verliebt ist. Das Ziel dieser Broschüre ist deshalb, die zukünftigen Ehepartner aufmerksam zu machen auf gewisse juristische Regeln und soziale Gewohnheiten, die bei Muslimen vorkommen können und die von denen der Schweiz verschieden sind.

Die Broschüre möchte für alle zugänglich sein und wurde daher bewusst einfach geschrieben. Sie erhebt keinen Anspruch darauf, alle Besonderheiten sämtlicher muslimischer Staaten aufzuzeigen; sie möchte lediglich auf die häufigsten Probleme in vielen dieser Länder aufmerksam machen. Interessierte Personen können sich an das Zentrum für arabisches und islamisches Recht (www.sami-aldeeb.com) wenden für weitere Auskünfte betreffend des Landes des moslemischen Partners. Am Ende der Broschüre befindet sich ein Muster-Ehevertrag in sechs Sprachen: Französisch, Deutsch, Italienisch, Englisch, Spanisch und Arabisch.

Kapitel 1.
Der Ehevertrag: empfehlenswerte schriftliche Vereinbarung

Wenn eine Schweizerin und ein Schweizer heiraten, wissen sie, dass eventuell aufkommende Konflikte den Regeln des Schweizerischen Zivilgesetzbuches unterstellt sind. In gewissen Belangen, vor allem was die wirtschaftlichen Beziehungen (das Güterrecht) betrifft, lässt der hiesige Gesetzgeber ihnen die freie Wahl zwischen verschiedenen Möglichkeiten. Dazu ist der Abschluss eines schriftlich verfassten Dokuments, des so genannten Ehevertrags, vor einem Notar erforderlich. Fehlt ein solcher Vertrag, wird angenommen, das Ehepaar habe den im Gesetz geregelten ordentlichen Güterstand, die Errungenschaftsbeteiligung (Artikel 181 Zivilgesetzbuch), gewählt. Die Ehegatten können also auf eine spezielle Regelung verzichten, da der Gesetzgeber vorgesorgt hat.

Die Situation sieht anders aus, wenn die Ehegatten verschiedenen Kulturen angehören und verschiedenen, teilweise gegensätzlichen Rechtsordnungen unterstellt sind. Gewiss hat der schweizerische Gesetzgeber im Gesetz über das internationale Privatrecht vom 18. Dezember 1987 Normen erlassen, um derartige Konflikte zu lösen und festzustellen, welches Recht anzuwenden ist. Aber er ist dafür nicht allein zuständig; oft hat auch der Gesetzgeber des Heimatlandes des ausländischen Ehepartners etwas dazu zu sagen, und dies kann manchmal genau das Gegenteil sein. Zudem ist es dem Schweizer Gesetzgeber unmöglich, im Voraus alles für sämtliche Kulturen und alle eventuell vorkommenden Fälle zu regeln.

Aus diesem Grunde, und um späteren Auseinandersetzungen vorzubeugen, empfehlen wir allen, die eine bikulturelle Ehe eingehen möchten, ihre Vereinbarungen schriftlich festzuhalten. Um die Ausarbeitung eines solchen Dokumentes zu erleichtern, finden Sie am Schluss dieses Textes einen Mustervertrag in fünf Sprachen. Um dessen Bedeutung zu betonen, sollte er vor einem Notar unterschrieben werden, wenn immer möglich vor der Eheschliessung. Allenfalls kann man ihn aber auch nach der Trauung noch unterschreiben.

In diesem Zusammenhang weisen wir darauf hin, dass muslimische Staaten vorschreiben, die Eheschliessung in einem schriftlichen – oder vor einer Behörde registrierten – Dokument festzuhalten.[1] Dieses Dokument erwähnt die jeweiligen Rechte beider Ehegatten.[2] Der Koran empfiehlt ausdrücklich, Vereinbarungen schriftlich festzuhalten.

---

[1] In Ägypten wird sogar die Ehe nach traditionellem Brauch, die im Allgemeinen nicht durch eine Behörde registriert wird, häufig durch einen Notar oder Rechtsanwalt schriftlich festgehalten.

[2] In Ägypten füllt der Notar, der die Ehe schliesst, ein offizielles Formular aus. Eheleute, die neue Klauseln einführen möchten, müssen dies auf einem separaten Dokument tun (Muhammad Azmi Al-Bakri: Mawsu'at al-fiqh wal-qada' fil-ahwal al-shakhsiyyah, Kairo, 1994, Bd. 1, S. 70-71).

Oh Gläubige, wenn ihr eine Schuldverpflichtung auf eine bestimmte Frist eingeht, so macht das schriftlich ... Verschmäht nicht, eine Schuld – sie sei gross oder klein – und die (Zahlungs) Frist niederzuschreiben. So ist es richtig vor Allah, ist sicherer und schliesst zukünftige Zweifel aus (2:282).[3]

Es ist daher besser, sich nicht mit einer blossen mündlichen Vereinbarung zu begnügen. Schon die Römer sagten: «*Verba volant, scripta manent*» (Die Worte verfliegen, die Schriften bleiben).

Der nichtmuslimische Partner muss sich allerdings bewusst sein, dass der hier empfohlene Vertrag, insbesondere was die Zuteilung der Kinder und deren Religion anbelangt, nur wenig Aussicht auf Anerkennung hat, wenn das Paar in die Heimat des muslimischen Gatten zurückkehrt. Immerhin trägt er dazu bei, die Eheleute auf die Problematik aufmerksam zu machen.

Sollte das Paar sich entschliessen, nach der zivilen Trauung eine religiöse islamische Zeremonie in der Schweiz zu feiern oder sich im Ausland religiös oder konsularisch trauen zu lassen, so muss im Dokument, das im Anschluss daran erstellt wird, unbedingt festgehalten werden:

- dass der durch die beiden Ehepartner vor einem Notar unterzeichnete Vertrag ein integrierender Bestandteil dieses Dokumentes ist;
- dass dieser Ehevertrag den Vorrang haben soll, wenn seine Bestimmungen dem Dokument widersprechen, das durch die religiöse oder konsularische Behörde ausgestellt wurde.

Kapitel 2.
Die Bedeutung der Religion in muslimischen Ländern

1) Unterschiede aufgrund der Religionszugehörigkeit

Schweizer Bürger gehören zahlreichen verschiedenen religiösen Gemeinschaften an: Sie sind Katholiken, Protestanten, Mormonen, Juden, Muslims, Bahais, usw. Aber alle haben das gleiche Familiengesetzbuch, und bei Streitigkeiten sind sie der gleichen Gerichtsbarkeit unterstellt. Dies ist in muslimischen Ländern anders.

Diese unterscheiden die Menschen aufgrund ihrer Religionszugehörigkeit. Die familienrechtlichen Normen sind, je nach Religion der betreffenden Personen, verschieden. Unabhängig davon, ob ein Muslim gläubig ist oder nicht, ob er seine Religion praktiziert oder nicht, wird er in erster Linie als Muslim angesehen, und die für diese Kategorie Menschen bestimmten Rechtsnormen werden auf ihn angewandt.

---

[3]   Dieses Zitat, sowie alle weiteren, stammen meistens aus dem Buch: Der Koran, das heilige Buch des Islam, nach der Übertragung von Ludwig Ullmann neu bearbeitet und erläutert von L.W. Winter, Wilhelm Goldmann Verlag München, 13. Auflage Januar 1982.

In gewissen Ländern (wie in Jordanien, Syrien, im Libanon und im Irak) hat jede religiöse Gemeinschaft ihr eigenes Familienrecht und ihre eigenen religiösen Gerichte, welche allfällige Streitigkeiten ihrer Anhänger entscheiden.

Andere Staaten (wie Ägypten) haben die religiösen Gerichte aufgehoben und deren Kompetenzen den zuständigen staatlichen Gerichten übertragen; die Gesetze der verschiedenen Gemeinschaften wurden jedoch beibehalten.

Wieder andere Staaten (wie Algerien und Tunesien) haben die religiösen Gerichte aufgehoben und einheitliche Gesetze geschaffen. Es gibt aber weiterhin spezielle Gesetzesnormen für Nichtmuslime.

Jedoch ist allen diesen Staaten gemeinsam, dass sie benachteiligende familienrechtliche Normen für Nichtmuslime und Frauen kennen, wie aus den folgenden Ausführungen ersichtlich wird.

Gewiss bestehen Unterschiede zwischen den muslimischen Ländern; einige kennen liberalere und fortschrittlichere Gesetze als andere. So sind beispielsweise Polygamie und Verstossung in Tunesien und in der Türkei verboten. Wenn aber ein Tunesier oder ein Türke sich nach Ägypten begibt, werden dort muslimische Gesetzesnormen auf ihn angewandt. Und trotz des Verbotes in seinem Heimatstaat kann er dort, ganz legal, gleich wie ägyptischen Muslims eine polygame Ehe eingehen und seine Frau verstossen. Das Gleiche gilt auch für Schweizer, die sich zum Islam bekehren und nach Ägypten fahren. In diesem Land hat die Religionszugehörigkeit Vorrang vor der nationalen Zugehörigkeit.

Erwähnt sei auch, dass es zwar für den Schweizer Partner beruhigend sein mag, in der Schweiz zu wohnen, dass diese Tatsache aber das Paar keineswegs gänzlich vor Auseinandersetzungen wegen unterschiedlicher muslimischer und schweizerischer Normen schützt. Es ist in Betracht zu ziehen, dass der muslimische Partner vielleicht auch in der Schweiz wie bei sich zu Hause leben möchte, nach dem Beispiel seiner Eltern und gemäss seiner Gesetze und seiner religiösen Bräuche. Zudem ist es schwierig, einem Ausländer ein ununterbrochenes Exil in der Schweiz aufzuzwingen. Eine Rückkehr in die Heimat, sei sie auch nur ferienhalber, ist nicht auszuschliessen. In seinem Heimatland steht der Muslim nicht mehr unter dem Einfluss des schweizerischen, sondern unter jenem seines nationalen Gesetzes und der dort herrschenden Bräuche.

Sicherlich bestehen verschiedenste Arten, den Islam zu praktizieren. Es gibt liberale und tolerante wie auch orthodoxeren Muslims. Allerdings kann jemand auch plötzlich seine Einstellung in die eine oder die andere Richtung ändern, insbesondere mit der zunehmenden Bedeutung des religiösen Integrismus. Doch welches auch immer die religiösen Neigungen eines Muslims sein mögen, wenn die Beziehungen zwischen der Ehefrau und ihrem Gatten konfliktgeladen werden, so hat jeder Partner die Tendenz, sich dabei auf jenes Recht zu stützen, das zu seinen Gunsten steht. Es ist deshalb sicherlich besser, Unterschiedlichkeiten zwischen schweizerischen und muslimischen Normen und Bräuchen zu kennen und sie für den Fall eventuell aufkommender Konflikte mitzuberücksichtigen. Ein arabisches

Sprichwort sagt: «Ein Rappen Vorsicht ist mehr wert als eine Tonne Medikamente».

2) Religionsfreiheit

In der Schweiz ist jedermann frei, einer Religion beizutreten, diese zu verlassen, eine andere Glaubensrichtung zu wählen oder Atheist zu sein. Es ist den Eltern freigestellt, ihren Kindern eine religiöse Erziehung zu geben oder nicht. Ab dem 16. Lebensjahr haben die Kinder das Recht, eine ihnen zusagende Religion selbst zu wählen. Diese Freiheit ist in der Bundesverfassung (Artikel 15) und im Zivilgesetzbuch (Artikel 303) verankert.

Die Muslime behaupten, dass ihre Religion die Religionsfreiheit ebenfalls anerkenne. Sie beziehen sich dabei insbesondere auf drei Stellen im Koran:

Wenn es dein Herr nur gewollt hätte, so hätten alle, welche auf der Erde gelebt haben, geglaubt. Wolltest du also wohl die Menschen zwingen, dass sie Gläubige werden sollen? Keine Seele kann ohne den Willen Allahs glauben; doch wird er die seinen Zorn fühlen lassen, welche nicht einsehen wollen (10:99-100).

Die Wahrheit kommt von euerem Herrn. Wer nun will, der glaube, und ungläubig sei, wer da will. Den Frevlern aber haben wir das Höllenfeuer bereitet, dessen Flamme und Rauch sie einkreisen sollen. Wenn sie um Hilfe rufen, dann soll ihnen mit Wasser geholfen werden, das geschmolzenem Erze gleicht und ihre Gesichter brennend verzehrt (18:29).

Zwingt keinen zum Glauben, da die wahre Lehre vom Irrglauben ja deutlich zu unterscheiden ist. Wer Tagut (altarab. Götze, Irrglaube) verwirft und an Allah glaubt, ergreift eine Stütze, die nie zerbricht. Er allein hört alles und weiss alles. Allah allein ist Schirmherr der Gläubigen; er führt sie aus der Finsternis ins Licht. Der Ungläubigen Beschützer aber ist Tagut; er führt sie aus dem Licht in die Finsternis. Sie gehören zur Gesellschaft, die im Höllenfeuer wohnen wird: und darin werden sie bleiben (2:256-257).

Wir geben hier Stellen des Korans wieder, von welchen häufig nur der erste Satz in Kursivschrift zitiert wird, während der Teil, die Strafe für Nichtgläubige betreffend, unerwähnt bleibt.

Um die muslimische Auffassung von Religionsfreiheit zu verstehen, muss man wissen, dass das klassische muslimische wie auch das aktuelle Recht muslimischer Staaten klar unterscheiden zwischen dem Eintritt in den Islam und dem Austritt aus dem Islam.

A) Freiheit, Muslim zu werden

Als Christ, Jude oder Angehöriger einer anderen Religion steht es Ihnen frei, Muslim zu werden. Sie werden sogar dazu ermutigt. Als Muslim können Sie ihre Frau verstossen und vier andere Frauen heiraten. Aus diesem Grunde treten alljährlich zahlreiche ägyptische Christen zum Islam über.

Um Muslim zu werden, braucht man nur folgende Formel auszusprechen «Ich bezeuge, dass es keinen anderen Gott gibt als Allah und dass Mohammed der Prophet Allahs ist». Ausser bei Krankheit müssen sich die Männer normalerweise auch beschneiden lassen. Mohammed hat gesagt: «Wer Muslim wird, soll sich beschneiden lassen, auch wenn er betagt ist».[4] Konvertiten können auch angehalten werden, einen muslimischen oder wenigstens neutral klingenden Vornamen zu wählen. So hat sich der Schweizer Journalist Albert Huber Ahmed Huber nennen lassen, der französische Philosoph Roger Garaudy nannte sich Raja Garaudy, der britische Pop-Star Cat Stevens wurde zu Yusuf Islam und der amerikanische Boxer Cassius Clay nahm den Namen Muhammad Ali an.[5]

B) Verbot, aus dem Islam auszutreten

Die Leichtigkeit, mit der man Muslim werden kann, steht im Gegensatz zum strikten Verbot, aus dem Islam auszutreten. Die weiter oben zitierten Stellen aus dem Koran, die der Religionsfreiheit scheinbar positiv gegenüberstehen, haben die klassischen Rechtsgelehrten des Islams nicht daran gehindert, demjenigen, der aus dem Islam austritt, dem sog. Apostaten, die Todesstrafe anzudrohen. Handelt es sich dabei um eine Frau, so wollen gewisse sie ins Gefängnis stecken, bis sie stirbt oder zum Islam zurückfindet. Heutige muslimische Autoren versuchen, diese Strafandrohung für Apostaten durch gewisse Stellen des Korans (insbesondere Vers 9:74) und auch durch die Worte Mohammeds: «Tötet jeden, der die Religion wechselt»[6] zu rechtfertigen.

Dieses Verbot, aus dem Islam auszutreten, war der Grund für die Kontroversen bei der seinerzeitigen Diskussion um die Allgemeine Erklärung der Menschenrechte, deren Artikel 18 lautet:

> Jeder Mensch hat Anspruch auf Gedanken-, Gewissens- und Religionsfreiheit; dieses Recht umfasst die Freiheit, seine Religion oder seine Überzeugung zu wechseln, sowie die Freiheit, seine Religion oder seine Überzeugung allein oder in Gemeinschaft mit anderen, in der Öffentlichkeit oder privat, durch Lehre, Ausübung, Gottesdienst und Vollziehung von Riten zu bekunden.

---

[4]   Ausspruch zitiert durch Abd-al-Salam Abd-al-Rahim Al-Sukkari: Khitan al-dhakar wa-khifad al-untha min manzur islami, Dar al-manar, Heliopolis, 1988, S. 50.

[5]   Das Amtsblatt von Saudiarabien (Um al-Qura) veröffentlicht regelmässig die Namen der Personen, die zum Islam übergetreten sind. Die Konvertiten wechseln systematisch ihre Vornamen. Auch Konvertiten im Westen wechseln ihre Namen, und jene, die dies verweigern, setzen sich oftmals sozialem Druck ihrer neuen Glaubensgenossen aus (schriftliche Aussage eines Konvertiten in Genf). Internet enthält viele Erzählungen von Konvertiten, die zum Islam übergetreten sind und den Namen gewechselt haben (siehe z.B.:
http://www.usc.edu/dept/MSA/newmuslims/).

[6]   Viele moderne arabische Werke behandeln das Thema der Apostasie. Die wichtigsten Diskussionspunkte dazu finden sich im Memorandum zum Entwurf des muslimischen Strafgesetzbuches, das 1982 dem ägyptischen Parlament vorgelegt wurde. (Lagnat taqnin ahkam al-shari'ah al-islamiyyah, iqtirah bi-mashru' qanun al-'uqubat, 1. Juli 1982, S. 177-188). Dieser Entwurf schlägt für Apostaten die Todesstrafe vor (Artikel 178).

Die Bestimmung von der Freiheit, die Religion wechseln zu können, hat seitens muslimischer Staaten, insbesondere des Vertreters von Saudiarabien, sowie der Vertreter des Iraks und Syriens[7], starke Reaktionen ausgelöst. Das gleiche Problem ergab sich bei der Diskussion um die Erklärung über die Beseitigung aller Formen der Intoleranz und Diskriminierung aufgrund der Religion oder der Überzeugung.[8]

Beeinflusst durch das klassische muslimische Recht verbietet das geltende Recht muslimischer Staaten weiterhin einen Austritt aus dem Islam. Zwei arabische Strafgesetzbücher (dasjenige von Mauretanien und jenes des Sudans) sehen ausdrücklich die Todesstrafe für Apostaten vor. Obwohl eine solche Vorschrift in den Gesetzen anderer muslimischer Staaten fehlt, ist sie in den Lehrbüchern enthalten, die an sämtlichen arabischen Universitäten verwendet werden. In Marokko, Tunesien, Algerien und Ägypten (um nur jene Länder zu erwähnen) sieht das Gesetz keinerlei Strafe für den Apostaten vor. Nichtsdestoweniger ist er aber dort, wie auch in allen anderen muslimischen Staaten, schwersten Diskriminierungen ausgesetzt.

- Das Familienrecht untersagt dem männlichen wie auch dem weiblichen Apostaten, eine Ehe einzugehen; ist er schon verheiratet, wird er vom Ehegatten und seinen Kindern getrennt.

- Das Erbrecht betrachtet den Apostaten als tot und seine Erbfolge gilt als eröffnet. Er selbst kann niemanden beerben.

- Der Apostat verliert seinen Arbeitsplatz. Es kommt vor, dass er ohne jegliche gesetzliche Grundlage ins Gefängnis gesperrt wird.

- Der Apostat lebt dauernd in Lebensgefahr (sogar wenn er ins Ausland geht). Jedermann kann ihn töten, ohne grosses Risiko, strafrechtlich verfolgt zu werden. Häufig wird er durch ein Mitglied seiner eigenen Familie umgebracht.

In Anbetracht dieser Umstände ist es wichtig, dass die Ehepartner sich im Voraus über ihre Glaubensfreiheit einigen und keinen Druck aufeinander ausüben, die religiöse Zugehörigkeit zu wechseln.

Die nichtmuslimische Frau, die einen Muslim heiratet, kann ihre eigene Religion behalten (siehe weiter unten). Sie muss dies allerdings klar ausdrücken und es im Ehevertrag speziell erwähnen. Begibt sie sich in das Heimatland ihres Mannes, so

---

7   Generalversammlung, 3. Kommission, Bd. 2, 127. Sitzung, S. 402-403.

8   Der Vertreter Irans hat darauf aufmerksam gemacht, dass den Muslimen nicht erlaubt sei, eine andere Religion als den Islam zu wählen. Sollten sie dies trotzdem tun, riskierten sie die Todesstrafe (Generalversammlung, 3. Kommission, 26. Okt. 1981, A/C.3/36/SR.29, S. 5). Der Vertreter von Irak hat im Namen der Organisation der islamischen Konferenz erklärt, dass die Mitgliedstaaten dieser Organisation «Vorbehalte aussprechen zu jeder Bestimmung oder jedem Ausdruck, die gegen das islamische Recht oder eine darauf begründete Rechtsordnung verstossen» (Generalversammlung, 3. Kommission, 9. Okt. 1981, A C 36/SR. 43, S. 10). Der Vertreter von Syrien (Generalversammlung, 3. Kommission, 9. Okt. 1981, A C 36/SR. 43, S. 12) und von Ägypten haben sich diesem Vorbehalt angeschlossen (Generalversammlung, 3. Kommission, 9. Nov. 1981, A/C.3/36/SR.43, S. 9).

sollte sie sich genau über die konkrete Situation dort informieren. In einem Staat wie z.B. Saudiarabien ist es Nichtmuslims nämlich strikte untersagt, ihre Religion zu praktizieren. Nicht-islamische Kultstätten sind in diesem Land nicht erlaubt.

3) Religiöse Einschränkungen der Eheschliessung

Artikel 54 Ziffer 2 der ehemaligen schweizerischen Bundesverfassung bestimmte, dass das Recht zur Ehe nicht aus kirchlichen Rücksichten beschränkt werden darf. Auch wenn Artikel 14 der neuen Bundesverfassung nur noch festhält: «Das Recht auf Ehe und Familie ist gewährleistet», so bleibt die Grundidee gleich. Folglich kann ein Mann eine Frau unabhängig davon heiraten, welchen Religionen die beiden zugehören.

Dieser Grundsatz wird in Artikel 16 Ziffer 1 der Allgemeinen Erklärung der Menschenrechte bestätigt. Er lautet:

> Männer und Frauen im heiratsfähigen Alter haben ohne Beschränkung aufgrund der Rasse, der Staatsangehörigkeit oder der Religion das Recht, eine Ehe einzugehen und eine Familie zu gründen.

Dieser Artikel gab Anlass zur folgenden Erklärung des ägyptischen Vertreters vor der Vollversammlung der UNO. Er sagte:

In Ägypten, wie in fast allen muslimischen Staaten, existieren gewisse Einschränkungen betreffend die Eheschliessung muslimischer Frauen mit Personen einer anderen Religion. Diese Einschränkungen sind religiöser Natur.[9]

Tatsächlich enthalten die in muslimischen Staaten geltenden Normen Einschränkungen des Rechts zur Ehe, welche in der Religionszugehörigkeit begründet sind. Diese können wie folgt zusammengefasst werden:

A) Eheschliessung zwischen einem Muslim und einer Nichtmuslimin

Ein Muslim kann bis zu vier nichtmuslimische Frauen heiraten, vorausgesetzt, dass sie einer monotheistischen Religion angehören (Christentum oder Judentum). Er kann aber weder eine Anhängerin des Buddhismus, des Bahaismus noch eine Apostatin (eine Frau, die vom Islam abgefallen ist) heiraten.

Die nichtmuslimische Frau, die sich zu einer monotheistischen Religion bekennt, kann diese beibehalten, wenn sie sich mit einem Muslim verheiratet. Im Allgemeinen ist es aber der Wunsch der Muslims, dass sich die Frau schliesslich zum Islam bekehrt.[10] Auch ohne Druckausübung sieht sich die Ehefrau praktisch gezwungen, den islamischen Glauben anzunehmen, um nicht im Erbrecht und bezüglich des Sorgerechts für ihre Kinder benachteiligt zu werden (siehe dazu die Ausführungen in den Kapiteln VII und VIII).

---

9   Generalversammlung, Plenarsitzung 180, S. 912.
10   Siehe dazu Muhammad Abu-Zahrah: Al-ahwal al-shakhsiyyah, qism al-zawag, 2. Aufl., Kairo, 1950, S. 113-114; Badran Abu-al-Aynayn Badran: Al-ilaqat al-igtima'iyyah bayn al-muslimin wa-ghayr al-muslimin, Beirut, 1980, S. 66-77.

Die Heirat eines Muslims mit einer Nichtmuslimin wird zwar geduldet, bleibt aber tadelnswert, vor allem dann, wenn die Frau Ausländerin ist. Ein Buch, das für den Unterricht in den öffentlichen Schulen Ägyptens verwendet wird, warnt die jungen Muslims ausdrücklich vor solchen Ehen. Der Verfasser dieses Buches befürchtet, dass die Nichtmuslimin sich in eine Spionin für ihr eigenes Land verwandeln könnte.[11] Der ägyptische Schriftsteller Scheich Al-Ghazali geht sogar soweit, zu behaupten, das man die Christen und Juden Europas und Amerikas nicht mehr als Völker der Schrift betrachten könne, da die Bibel und das Evangelium alle Macht über sie verloren hätten. Gemäss diesem Autor beschränke sich ihre Religion nur noch auf den freien Sonntag, auf das Weihnachtsfest, auf Zorn gegen den Islam und Beleidigungen gegen Mohammed. Früher sei es einem Muslim gestattet gewesen, eine Frau der in der Schrift erwähnten Völker zu heiraten, weil sie in der Lage gewesen wäre, gemäss den Lehren Gottes sein Haus zu führen und seine Kinder zu erziehen. Aber heute, wo der Wein in Strömen fliesse und der Sex grenzenlos sei, sei dies nicht mehr möglich.[12]

Es sei hier auf zwei weitere muslimische Normen hingewiesen, die in den Gesetzen praktisch aller muslimischer Staaten zu finden sind:

- Wenn eine christliche, mit einem Christen verheiratete, Frau sich zum Islam bekehrt, so wird ihre Ehe aufgelöst, weil keine Muslimin mit einem Nichtmuslim verheiratet sein kann. Die Kinder werden der Frau zugeteilt. Wenn der Mann Frau und Kinder behalten möchte, muss er seinerseits zum Islam übertreten.

- Wenn eine christliche, mit einem Muslim verheiratete, Frau sich zum Islam bekehrt, so kann sie diesen Schritt nicht mehr rückgängig machen. Tut sie dies trotzdem, wird sie als Apostatin betrachtet; ihre Ehe wird aufgelöst und die Kinder werden ihr weggenommen.

B) Eheschliessung zwischen einem Nichtmuslim und einer Muslimin

Gemäss den in den muslimischen Ländern herrschenden muslimischen Normen ist es einem Nichtmuslim in keiner Weise möglich, eine Muslimin zu heiraten. Der Nichtmuslim, der mit einer Muslimin eine Ehe eingehen möchte, muss noch vor der Trauung zum Islam übertreten. Ein berühmter Fall ist die Konvertierung des französischen Philosophen Roger Garaudy, der zuerst der katholischen Kirche angehörte, sich später als Atheist erklärte und schliesslich ein mit einer Muslimin verheirateter Muslim wurde.

Das für muslimische Frauen geltende Verbot, Nichtmuslims zu heiraten, gründet auf zwei Stellen im Koran (2:221 und 60:10) sowie auf eine gekürzte, nicht voll-

---

11   Muhammad Ahmad Farag Al-Sanhouri: Al-usrah fil-tashri' al-islami, Wazarat al-tarbiyah wal-ta'lim, Kairo, 1987, S. 29-34 (Lehrbuch für den Unterricht im elften Schuljahr).

12   Muhammad Al-Ghazali: Qadaya al-mar'ah bayn al-taqalid al-rakidah wal-wafidah, 4ème édition, Kairo & Beirut, 1992, S. 203-204. Siehe auch Muhammad Ibn Abd-al-Karim Al-Gaza'iri: Zawag al-muslim bi-ghayr al-muslimah wa zawag al-muslimah bi-ghayr al-muslim fi mizan al-islam, 2. Aufl., Kairo, 1993, S. 31 -32.

ständige Passage aus dem Koran «Allah wird den Ungläubigen keine Gelegenheit geben, etwas über die Gläubigen zu vermögen» (4:141). Mohammed soll im gleichen Sinn gesagt haben: «Der Islam dominiert und kann nicht dominiert werden».[13] Dieses Verbot ist in den Gesetzen muslimischer Staaten vorgesehen. So lautet Artikel 122 des in Ägypten angewendeten halbamtlichen Gesetzesbuches von Qadri: «Die Muslimin vereinigt sich nur mit einem Muslim; sie kann sich weder mit einem Götzenanbeter noch mit einem Christen noch einem Juden verheiraten. Eine derartig geschlossene Ehe wäre völlig ungültig».

Rechtsprofessor Badran von der Universität Alexandrien und der arabischen Universität Beirut befürwortet die Todesstrafe für den Nichtmuslim, der eine Muslimin heiratet. Denn dies sei das wirksamste Mittel, um beim Ungläubigen (*kafir*) derartige Gedanken gar nicht aufkommen zu lassen, damit er eine solche Tat, die die Ehre des Islams und der Muslims schänden könnte, nicht auszuführen wage.[14]

Das Eheverbot zwischen einer Muslimin und einem Nichtmuslim gilt auch für den Fall, wo ein Muslim aus seinem Glauben austritt. Wenn ein Christ sich zum Islam bekehrt, um eine Muslimin zu heiraten, und dann später wieder zu seiner ursprünglichen Religion zurückkehrt, so wird er als Apostat angesehen. Folglich wird dann die Ehe von Rechts wegen aufgelöst. Dasselbe wird passieren, wenn ein muslimischer Gatte Auffassungen vertritt, die als anti-islamisch verurteilt werden.[15]

Gewiss sind diese muslimischen Normen in der Schweiz nicht anerkannt. So kann eine Muslimin in der Schweiz sich jederzeit mit einem Nichtmuslim trauen lassen. In gewissen traditionellen Religionsgemeinschaften geht sie dabei allerdings das Risiko ein, entführt oder gar durch Verwandte oder Glaubensbrüder getötet zu werden. Sie kann unter keinen Umständen in ihre Heimat zurückkehren, und sollte sie dies in Begleitung ihres Ehemannes trotzdem tun, könnte sie von ihm getrennt werden und beide könnten dabei ihr Leben aufs Spiel setzen.

Wie wir weiter oben erwähnt haben, ist der Nichtmuslim, der eine Muslimin zur Frau nehmen möchte, gezwungen, zum Islam überzutreten. Einzelne mögen dabei versucht sein, dies als reine Formsache abzutun, ohne sich der juristischen Folgen ihres Aktes bewusst zu sein. In Wirklichkeit wird es ihnen unmöglich sein, diese Entscheidung rückgängig zu machen, da ein Muslim nicht aus seiner Religion austreten kann. Und tut er es trotzdem, erleidet er dadurch die weiter oben beschriebe-

---

13 Man findet diese Argumente in einem Urteil des erstinstanzlichen Gerichts von Alexandrien vom 21.4.1957 (Salih Hanafi: Al-marga' fi qada' al-ahwal al-shakhsiyyah lil-masriyyin, Mu'assassat al-matbu'at al-hadithah, Alexandrie, [1958?], Bd. 2, S. 89-90).

14 Badran: Al-'ilaqat al-igtima'iyyah, op. cit., S. 88.

15 So haben ägyptische Gerichte auf Klage islamischer Kreise eine Muslimin gegen ihren Willen von ihrem muslimischen Ehemann getrennt. Beide arbeiteten als Professoren an der Universität in Kairo, wobei die Werke des Mannes als ketzerisch angesehen wurden. Der Kassationsgerichtshof gab in seinem Urteil vom 5. August 1996 den Islamisten recht. (Urteil veröffentlicht durch Al-Mugtama' al-madani Kairo, September 1996). Das betreffende Paar hat darauf Ägypten verlassen und ist nach Holland ausgewandert, da es befürchtete, durch Islamisten getötet zu werden.

nen einschneidenden Folgen. In dieser Hinsicht verweigert die muslimische Gesellschaft das Recht auf Irrtum.

Man mag sich fragen, was denn der Sinn eines Übertritts zum Islam sei, wenn sogar die Behörden sich darüber klar sind, dass es sich um eine rein formelle Konversion handelt. Es ist wichtig, zu wissen, dass gemäss dem muslimischen Gesetz die Kinder eines Muslims, auch wenn dessen Konversion nur Formsache war, unweigerlich und automatisch Muslime sein werden. Die Gründe, weshalb der Vater zum Islam übergetreten ist, werden für die späteren Generationen bedeutungslos und geraten in Vergessenheit. Es wird aber für sie keine Möglichkeit mehr geben, jemals die Religion zu wechseln.

C) Temporäre Ehe oder Genussehe

Das schiitische muslimische Recht kennt eine Form von Ehe, die *zawag al-mut'ah* genannt wird, was wörtlich übersetzt «Lust- oder Genussehe» bedeutet, jedoch oft mit «temporärer Ehe» übersetzt wird. Diese Art von Ehe wird im iranischen Zivilgesetzbuch speziell erwähnt.[16] Gemäss diesem Gesetz hat der Mann das Recht, bis zu vier Frauen regulär zu heiraten und mit einer unbeschränkten Anzahl Frauen eine temporäre Ehe einzugehen, welche ein paar Stunden oder auch mehrere Jahre dauern kann.

Das sunnitische muslimische Recht verbietet die temporäre Ehe. Trotzdem erlauben sunnitische religiöse Obrigkeiten ihren Glaubensgenossen, die sich für ein Studium oder einen Einsatz im Westen befinden, nichtmuslimische monotheistische Frauen in der Absicht zu heiraten, sie nach Beendigung des Auslandaufenthaltes wieder zu verlassen. Eine solche Ehe dient dazu, den im muslimischen Recht verbotenen ausserehelichen Geschlechtsverkehr zu vermeiden.[17]

---

[16] Artikel 1075 und 1077 des iranischen Zivilgesetzbuches. Zu den temporären Ehen siehe: Shahla Haeri: Law of desire, temporary marriage in Iran, London, 1989.

[17] Diese Erklärung ist enthalten in einer fatwa (religiösen Entscheidung) von Ibn-Baz, dem Präsidenten der ständigen fatwa-Kommission von Saudiarabien (Magallat al-buhuth al-islamiyyah, Nr. 25, 1989, S. 89). Eine fatwa betreffend der Möglichkeit, eine Ehe einzugehen mit der Absicht, die Frau nach Beendigung des Auslandaufenthalts zu verstossen, hat bei den Muslims in den USA grosse Diskussionen ausgelöst. Das islamische Zentrum von Washington hat die Frage der Organisation der islamischen Konferenz (die alle muslimischen Länder vertritt) unterbreitet. Aber wegen der unterschiedlichen Meinungen ihrer Mitglieder (gewisse betrachten diese Art von Heirat als «Täuschung», während andere sie befürworten) hat die zuständige Akademie auf eine Entscheidung verzichtet. (Ein Bericht über die Diskussion zu diesem Thema innerhalb der Akademie findet sich in der Zeitschrift Magallat magma' al-fiqh al-islami, Nr. 3, Teil 2, 1987, S. 1107, 1141, 1170, 1232-1233 und 1374-1376).

Kapitel 3.
Beziehungen zwischen Männern und Frauen

1) Autorität des Mannes über die Frau

Im Westen kämpft die Frau um Gleichberechtigung auf allen Gebieten. Dieses Streben nach Gleichberechtigung findet auch ein Echo in der muslimischen Gesellschaft. In gewissen muslimischen Staaten gab es das Frauenstimmrecht, als es in der Schweiz noch nicht verwirklicht war. In andern Ländern allerdings, wie z.B. in Kuwait, wird den Frauen das Stimmrecht weiterhin im Namen islamischer religiöser Normen vorenthalten. Auch in anderer Hinsicht stehen die Rechte der Frau im Widerspruch zu diesen religiösen Normen.

Tatsächlich setzt der Koran die Autorität des Mannes über die Frau ein: «Und wie die Frauen Pflichten haben, so haben sie auch Rechte, nach dem Brauch; doch haben die Männer einen gewissen Vorrang vor ihnen» (2:228). Und an einer anderen Stelle steht: «Männer sollen vor Frauen bevorzugt werden, weil Allah auch die einen vor den anderen mit Vorzügen begabte und auch weil jene diese erhalten» (4:34).

Als Tochter steht die Frau unter der Autorität ihres Vaters: Er kann sich ihrer Heirat widersetzen oder sie ohne ihr Einverständnis verheiraten; sie ihrerseits kann sich ohne das Einverständnis des Vaters oder des männlichen Vormunds nicht verehelichen. Als verheiratete Frau untersteht sie der Autorität ihres Gatten; er kann ihr das Verlassen des Hauses oder das Arbeiten auswärts verbieten und sie zwingen, den Schleier zu tragen. Wenn sie ihm nicht gehorcht, kann er sie gemäss dem Koran bestrafen: «Denjenigen Frauen aber, von denen ihr fürchtet, dass sie euch durch ihr Betragen erzürnen, gebt Verweise, enthaltet euch ihrer, sperrt sie in ihre Gemächer und züchtigt sie. Gehorchen sie euch aber, dann sucht keine Gelegenheit, gegen sie zu zürnen» (4:34-35).

Die Schweizerin, die einen Muslim heiratet, geht das Risiko ein, gewisse Rechte zu verlieren. Der Ehevertrag kann dazu dienen, diese Verluste zu beschränken.

Die Schweizer Frau sollte insbesondere vermeiden, die Verbindungen zu ihrem Heimatland und zu ihrer Familie abzubrechen; das Schweizer Bürgerrecht sollte auf alle Fälle beibehalten werden. Diese Massnahmen können sie vor der Macht des Mannes schützen. Zudem sollte sie darauf achten, dass ihre Kinder in ihrem eigenen Schweizer Pass eingetragen sind.

2) Kontakte zwischen Männern und Frauen; Kleidervorschriften

Aus dem Koran und den Schriften Mohammeds haben die Rechtsgelehrten den Schluss gezogen, dass gewisse Teile des menschlichen Körpers 'awrah[18] (wörtlich übersetzt: verrufen, fehlerhaft, abstossend) oder saw'ah[19] (wörtlich: schlecht, hässlich) sind. Es ist untersagt, diese zu zeigen oder anzuschauen. Ziel dieser Normen

---

[18]   Man findet diesen Ausdruck in den Versen 24:32 und 58 und 33:13.
[19]   Man findet diesen Ausdruck in den Versen 5:31, 7:20, 22, 26-27 und 20:121.

ist es, Schranken gegen Versuchungen der Wollust zu errichten. Da von den Frauen die grösste Versuchung ausgeht, sieht das muslimische Recht für sie strengere Regeln vor. Nach gewissen Quellen soll Mohammed gesagt haben: «Für die Männer habe ich keine gefährlichere Versuchung hinterlassen als die Frauen».[20]

In der arabischen Welt beobachtet man verschiedenste Arten, sich zu bekleiden. Die extremste Art ist wohl, wenn die Frauen sich auf der Strasse von Kopf bis Fuss verdecken und man weder ihre Hände, ihre Haare noch ihre Augen sieht. Männlichen Gästen werden sie nie vorgestellt, und die Mahlzeiten werden nur unter Männern, unter Ausschluss der Frauen, eingenommen. Wenn Frauen öffentliche Verkehrsmittel benutzen, werden sie in einem Spezialabteil mit schwarzen, zugezogenen Vorhängen ganz hinten im Bus untergebracht. Und ein weiterer schwarzer Vorhang trennt sie von den Männern. Dies ist insbesondere in Saudi-Arabien und in den Ländern des Golfs üblich. Die Männer dieser Staaten weigern sich, einer Frau die Hand zu geben, und umgekehrt. In Saudi-Arabien ist es Frauen auch untersagt, selbst Auto zu fahren, «weil dies sie dazu veranlassen würde, das Gesicht ganz oder teilweise zu entschleiern ... und weil nahes Zusammensein mit Männern zu Subversion und Laster führt», wie eine *fatwa* (eine religiöse Entscheidung)[21] sagt.

In anderen Ländern muss die Frau eine Kopfbedeckung und ein Kleid oder einen Rock (Jupe) über langen Hosen tragen, damit man ihre Beine nicht sieht. Diese Regeln haben auch Auswirkungen auf die westliche Gesellschaft, vor allem was das Tragen des Schleiers und den gemischten Sportunterricht in der Schule angeht.

In der Familie verlangt öfters das Familienoberhaupt (der Vater, oder in dessen Abwesenheit der älteste Sohn), dass die Frau und die Mädchen sich gemäss seiner eigenen religiösen Überzeugung kleiden. Er kann ihnen auch untersagen, ins Kino, ins Dancing oder an den Strand zu gehen oder an sportlichen Anlässen teilzunehmen. Auch kann er sich ihrer Teilnahme an gewissen Unterrichtsstunden (z.B. Sexualkunde oder Anatomie) widersetzen oder ihnen sportliche Tätigkeiten und den Besuch einer gemischten Klasse verbieten. Er hat die Möglichkeit, sie in Privatschulen seiner eigenen Glaubensrichtung einzuschreiben. Im sozialen Bereich kann er der Frau und den Töchtern verbieten, anwesend zu sein, wenn er fremde Besucher empfängt.

3) Berufliche Tätigkeit der Frau

Die Verfassungen der muslimischen Staaten anerkennen das Recht auf Arbeit, ohne Diskriminierung der Frau.[22] Sie halten ausdrücklich fest, dass der Staat allen Bürgern Chancengleichheit für die Ausübung öffentlicher Ämter garantiert.[23]

---

[20] Man findet dieses Zitat Mohammeds im Buch, das für den Unterricht in den öffentlichen Schulen Ägyptens verwendet wird, Al-Sanhouri: Al-usrah fil-tashri' al-islami, op. cit., S. 203.

[21] Magallat al-buhuth al-islamiyyah, Nr. 24, 1989, S. 75, und Nr. 30, 1990-1991, S. 297-298.

[22] Siehe z.B. die Verfassungen von Algerien (Artikel 52), Bahrain (Artikel 13) und Syrien (Artikel 36).

Die ägyptische Verfassung enthält eine interessante Detailregelung: «Der Staat garantiert der Frau sowohl die Mittel, ihre Aufgaben in der Familie mit jenen in der Gesellschaft zu vereinbaren, als auch ihre Gleichstellung mit dem Mann in den politischen, sozialen, kulturellen und wirtschaftlichen Bereichen, unter Vorbehalt der Bestimmungen des islamischen Gesetzes» (Artikel 11).

Die muslimische Frau erfüllt heute sämtliche erdenklichen Funktionen. In Tunis sieht man sogar weibliche Fahrkartenkontrolleure in öffentlichen Bussen und Polizistinnen, die den Verkehr in der Hauptstadt regeln. Jedoch fordern viele Stimmen die Rückkehr der Frau an den häuslichen Herd.[24]

Im Hinblick auf die sehr verschiedenen Einstellungen von Muslims zur Arbeit der Frau ist es wichtig, dass die Partner diese Fragen vor einer Eheschliessung miteinander besprechen und ihre Vereinbarungen schriftlich festhalten, insbesondere dann, wenn sie beabsichtigen, ins Ausland zu verreisen.

Kapitel 4.
Eheschliessung

1) Eheschliessung in der Schweiz

In der Schweiz ist die Eheschliessung eine weltliche Einrichtung. Die Trauung erfolgt ausschliesslich vor dem Zivilstandsbeamten, unabhängig von der Religion und Nationalität der beiden Partner.

In der Schweiz ist es diplomatischen und konsularischen Vertretern ausländischer Staaten untersagt, Ehen zu schliessen, welches auch immer die Nationalität oder die Religionszugehörigkeit des Brautpaares sei.[25] Der Schweizer Partner muss sich

---

[23] Siehe die Verfassungen von Syrien (Artikel 26), Ägypten (Artikel 8), Irak (Artikel 19), Mauretanien (Artikel 12), Marokko (Artikel 12), Jordanien (Artikel 22), Algerien (Artikel 48), Bahrain (Artikel 16) und der Vereinigten Arabischen Emirate (Artikel 35).

[24] In Ägypten hat ein Mann die fatwa-Kommission angefragt, ob er seine Frau daran hindern könne, weiterhin einer beruflichen Tätigkeit nachzugehen. Sich auf den Vers 4:34 des Korans berufend, hat die Kommission geantwortet, dass die Frau ohne die Einwilligung des Ehemannes nicht das Recht habe, das eheliche Haus zu verlassen, um einen Beruf auszuüben, unabhängig davon, um welchen Beruf es sich handle und ob dieser für die Allgemeinheit von Nutzen sei, wie z.B. der Beruf einer Ärztin oder einer Hebamme. Die Frau muss folglich ihrem Mann gehorchen, ihre berufliche Tätigkeit aufgeben und zu Hause bleiben. Es bestehen beidseitige eheliche Pflichten: Während die Frau zu Hause bleiben muss, ist der Mann verpflichtet, für ihren Unterhalt aufzukommen. (Al-fatawi al-islamiyyah min dar al-ifta', Kairo, Bd. 9, 1983, S. 3076-77).
Ein ägyptischer Professor an der Azhar-Universität lehrt seine Studenten, dass die verheiratete Frau durch ihren Ehemann unterhalten werden muss. Im Prinzip sollte sie also nicht arbeiten. Im Gegensatz dazu darf eine Frau, die keine Unterstützung geniesst (durch den Ehemann, den Vater, den Bruder oder einen Verwandten) einer beruflichen Tätigkeit nachgehen (Abd-al-Ghani Mahmud: Huquq al-mar'ah fil-qanun al-duwali al-'am wal-shari'ah al-islamiyyah, Kairo, 1991, S. 91).

[25] Note des Eidgenössischen Departementes für auswärtige Angelegenheiten an die diplomatischen und konsularischen Vertretungen in der Schweiz vom 8. Februar 1995.

weigern, vor solchen Behörden an einer derartigen Zeremonie teilzunehmen. Eine auf diese Weise geschlossene Ehe wird in der Schweiz nicht anerkannt. Auch die religiöse Eheschliessung ist in der Schweiz nicht erlaubt. Erst nach der zivilen Trauung kann man die Ehe noch religiös einsegnen lassen.[26] Juristisch gesehen ist diese Zeremonie aber keine Trauung, sondern eine freiwillige Formalität, ohne Rechtswirkung.

Es kommt allerdings vor, dass sich Paare in der Schweiz nur durch einen Imam trauen lassen, ohne vorher zivilstandsamtlich geheiratet zu haben. Das Schweizer Recht anerkennt diese Ehen nicht, was unangenehme Folgen haben kann, namentlich für eine Frau, die vom Partner verlassen wird. Im übrigen riskiert der Imam, der derartige Trauungen durchführt, strafrechtlich verfolgt zu werden.[27] Nach Auskunft des Eidgenössischen Amtes für Zivilstandswesen kann ihm sogar die Aufenthaltsbewilligung entzogen werden.

Wenn sich der muslimische Ehemann und seine nichtmuslimische Gattin nach der zivilen Trauung an eine muslimische religiöse Obrigkeit wenden, so schlägt diese ihnen meistens, mit mehr oder weniger Beharrlichkeit, die Konversion zum Islam vor.[28] Ist der Ehemann Nichtmuslim und die Gattin Muslimin, so wird die Konversion zum Islam verlangt. Der nichtmuslimische Ehepartner, der seine eigene Religion beibehalten möchte, muss dies ausdrücklich erklären und verlangen, dass dieser Punkt im Dokument, das anschliessend an die religiöse Feier erstellt wird, speziell aufgeführt wird.

2) Eheschliessung in einem muslimischen Staat

Wird die Trauung in einem muslimischen Staat vollzogen, so geschieht dies meistens vor einer religiösen Behörde oder vor einer religiös orientierten Zivilbehörde. Will ein Nichtmuslim die Ehe mit einer muslimischen Frau schliessen, so muss er vorher zum Islam übertreten. Umgekehrt kann die nichtmuslimische Frau, die einen Muslim heiratet, ihre Religion behalten. Man wird ihr jedoch mehr oder weniger beharrlich nahelegen, sich zum Islam zu bekehren. Wenn der nichtmuslimische Ehepartner seine eigene Religion behalten will, so muss er dies offen bekanntgeben und verlangen, dass dieser Punkt speziell im Ehevertrag festgehalten wird.

3) Polygamie

Die meisten muslimischen Staaten erlauben dem Muslim, gleichzeitig mit vier Frauen, seien diese islamischer, christlicher oder jüdischer Religion, verheiratet zu sein. Schiiten können, zusätzlich zu den vier offiziellen Ehefrauen, noch eine gewisse Anzahl Frauen auf Zeit haben (oben Kapitel 2, 3.C).

---

[26]   Artikel 97 Ziffer 3 des Schweizerischen Zivilgesetzbuches schreibt vor: «Eine religiöse Eheschliessung darf vor der Ziviltrauung nicht durchgeführt werden».

[27]   Artikel 271, 287 und 292 des Strafgesetzbuches.

[28]   Gemäss Aussagen verschiebt ein in der Schweiz tätiges islamisches Zentrum religiöse Trauungen so lange, bis die nichtmuslimische Frau bereit ist, zum Islam überzutreten.

In gewissen Ländern werden jedoch Vorkehrungen getroffen, um diese Praktiken einzuschränken. So kann die Frau im Ehevertrag eine Klausel einfügen lassen, wonach sie nicht akzeptiert, dass ihr Mann eine zweite Frau heiratet. Diese Klausel kann zwar den Mann nicht daran hindern, eine zweite Frau zu heiraten; sie ermöglicht aber der Frau, deren Gatte dagegen verstösst, die Scheidung zu verlangen. Diese Klausel nennt man «Monogamieklausel».

In der Schweiz gilt die Polygamie gemäss Artikel 215 des Strafgesetzbuchs als strafbare Handlung. Es ist deshalb hierzulande nicht möglich, eine polygame Ehe zu schliessen, weder zwischen Schweizern noch zwischen Ausländern. Es kommt allerdings vor, dass eine Frau erst später entdeckt, dass ihr muslimischer Ehemann bereits eine andere Ehefrau hat. Der Ehemann hat auch die Möglichkeit, in sein Land zurückzukehren und dort eine andere Frau zu heiraten.

Kommen derartige Fälle in der Schweiz vor, so kann die Frau die Scheidung oder – wenn der Mann schon verheiratet war – die Nichtigerklärung der Ehe verlangen.

Anders aber sieht die Lage aus, wenn sich das Paar im Heimatstaat des Ehemanns befindet. Wenn das dortige Gesetz die Polygamie erlaubt, so werden die Gerichte dieses Landes der Frau weder Scheidung noch Nichtigerklärung der Ehe aufgrund von Polygamie zugestehen. Aus diesem Grunde ist es unbedingt notwendig, die Monogamieklausel in den Ehevertrag einzuschliessen; sie gibt der Ehefrau ein Recht auf Scheidung, falls sich herausstellen sollte, dass ihr Mann schon verheiratet ist oder wenn er nach der Eheschliessung noch andere Frauen heiratet. Eine derartige Klausel ist auch dann angebracht, wenn das Paar gedenkt, in der Schweiz zu leben. Die Situation kann sich manchmal ändern. In einem muslimischen Land könnte sich eine Schweizerin dann auf diese Klausel berufen, um eine Scheidung aufgrund einer Doppelehe einzureichen, ohne dass sie andere Beweise dafür zu erbringen hätte. Diese Klausel wird auch in muslimischen Staaten anerkannt.

Kapitel 5.
Güterrecht und wirtschaftliche Beziehungen

Wenn die Ehegatten in der Schweiz nicht ausdrücklich einen vom Schweizerischen Zivilgesetzbuch zur Verfügung gestellten besonderen Güterstand wählen, unterstehen sie dem ordentlichen Güterstand der Errungenschaftsbeteiligung. Bei Auflösung der Ehe durch Scheidung oder durch Tod eines Ehegatten werden die während der Dauer der Ehe erwirtschafteten Vermögenswerte gleichmässig auf die Partner aufgeteilt. Das Vermögen, das jeder in die Ehe eingebracht hat, bleibt Besitz des entsprechenden Partners. Im übrigen enden durch die Scheidung nicht unbedingt alle materiellen Beziehungen zwischen den Gatten, da das Gesetz Unterhaltsbeiträge vorsieht.

Im muslimischen Recht ist der ordentliche Güterstand die Gütertrennung. Dies bedeutet, dass jeder Gatte Eigentümer der von ihm in die Ehe eingebrachten und während der Ehe erworbenen Vermögenswerte bleibt. Diese Ordnung benachteiligt die Frau, die zu Hause bleibt, den Haushalt führt und die Kinder erzieht. Sie erhält für ihre Arbeit keinen Lohn und besitzt am Ende der Ehe kein weiteres Vermögen als dasjenige, das sie eingebracht hatte. Der Mann dagegen behält die gesamte Errungenschaft, die er vor und während der Ehe durch gewinnbringende Erwerbstätigkeiten erzielt hat. Diese Ungerechtigkeit macht sich umso empfindlicher bemerkbar, als der Ehemann seiner Gattin verbieten kann, einer beruflichen Tätigkeit nachzugehen. Hinzu kommt, dass eine geschiedene Frau nur für eine sehr beschränkte Zeit, je nach Staat zwischen einigen Monaten und zwei Jahren, Anspruch auf Unterhaltsbeiträge hat.

Um dieser ungünstigen wirtschaftlichen Situation der Frau abzuhelfen, sieht das muslimische Recht die obligatorische Zahlung einer gewissen Geldsumme (sog. Morgengabe) durch den Ehemann an seine Gattin vor. Ein Teil dieser Morgengabe wird häufig vor der Heirat als Anzahlung geleistet, der Rest wird bei der Scheidung fällig. Hat die Frau die Scheidung zu verantworten, so entfällt ihr Recht auf Auszahlung der Restsumme. Umgekehrt kann die Frau in gewissen Fällen auch dazu kommen, auf die Bezahlung des Restbetrags der Morgengabe zu verzichten und dem Mann die bereits erhaltene Anzahlung zurückzugeben, um als Gegenleistung dafür von ihm die Verstossung zu erwirken. Bei der Morgengabe kann es sich um einen eher symbolischen Betrag handeln, um den Mann finanziell nicht allzu sehr zu belasten. Es kann aber auch eine erhebliche Summe sein, die dazu dient, die Zukunft der geschiedenen Frau sicherzustellen. Im Prinzip ist die Ehefrau Alleineigentümerin der Morgengabe, aber oft eignen sich ihre Eltern den Betrag an.[29]

Weilen die Ehegatten in der Schweiz, ist es wichtig, dass sie ihren Güterstand dem schweizerischen Recht unterstellen. Entschliesst sich die Frau, zu Hause zu bleiben, muss ihre Arbeit während der Ehe bei der Aufteilung der Errungenschaft mitberücksichtigt werden. Wenn sie einer beruflichen Tätigkeit nachgeht, soll sie darauf achten, dass sie nicht ihren ganzen Verdienst in den Haushalt steckt oder ihrem Gatten überlässt; sie soll verlangen, dass der Ehemann auch zu den Kosten des Haushalts beiträgt. Es kommt vor, dass Muslims – wie übrigens auch andere Männer – Schweizerinnen nur heiraten, um dadurch die Aufenthaltsbewilligung und das Recht zu erhalten, in der Schweiz zu arbeiten. Derartige Ehemänner können versucht sein, ihre Frauen allein für den Unterhalt des Haushalts aufkommen zu lassen und das ganze eigene Einkommen in ihr Heimatland zu senden. Wenn sie dann ihrer Meinung nach genügend Geld in der Schweiz verdient haben, lassen sie sich scheiden oder verstossen ihre Gattin, um in ihr eigenes Land zurückzukehren und dort andere Frauen zu heiraten.

Beabsichtigt ein Ehepaar, sich im Ausland niederzulassen, soll es sich vorher über die wirtschaftlichen Rechte jedes Partners absprechen, je nachdem, ob die Ehefrau

---

[29] Das Institut erhielt eine Anfrage bezüglich eines Ehevertrages zwischen einer Ägypterin und einem Algerier, die beide in Kanada wohnen, der eine Morgengabe von einer halben Million DM (deutsche Mark) (umgerechnet ca. 300'000 Euro) vorsieht.

einer beruflichen Tätigkeit nachgehen oder zu Hause bleiben wird. Es muss Vorsorge getroffen werden, dass die Frau bei einer Scheidung, bei Verstossung oder beim Ableben des Mannes nicht auf der Strasse steht. Es ist deshalb nicht unnütz, wenn sie von ihrem Gatten als Morgengabe die Bezahlung einer (möglichst grossen) Summe im Hinblick auf derartige Eventualitäten verlangt. Dies sind die unter Muslimen üblichen Spielregeln. Deshalb legt die Schweizer Botschaft in Kairo ausdrücklich Wert darauf, dass die Morgengabe genügend gross ist, um im Falle einer Scheidung den Unterhalt der Frau zu ermöglichen. Trotzdem lässt sich in gewissen Ehedokumenten zwischen Schweizerinnen und Ägyptern feststellen, dass die Morgengabe aus einem ägyptischen Pfund (umgerechnet weniger als 50 Rappen) besteht!

Um schwierigen Situationen vorzubeugen, sollte die Frau vor der Eheschliessung mit ihrem Partner eine schriftliche Vereinbarung zur Regelung der wirtschaftlichen Beziehungen treffen. Die Eheleute sollten daran denken, dass gemäss dem französischen Sprichwort *les bons comptes font les bons amis* eine Freundschaft dann am besten stimmt, wenn auch die Rechnung stimmt.

Kapitel 6.
Auflösung der Ehe

Ausser durch den Tod eines Ehegatten kann in der Schweiz die Ehe nur durch den Richter aufgelöst werden. Anders ist dies in den muslimischen Staaten.

1) Auflösung der Ehe in einem muslimischen Land

In muslimischen Ländern gibt es drei Arten, die Ehe aufzulösen, nämlich die Verstossung, die Verstossung gegen Entschädigung und die Scheidung.

A) Verstossung

Die Verstossung (*talaq*) ist das Recht, das dem muslimischen Mann – und ihm allein – ermöglicht, die Ehe durch eine einseitige Willenserklärung zu beenden, ohne vor ein Gericht zu gehen und ohne sich dafür rechtfertigen zu müssen.

Die Verstossung kann endgültig sein, oder sie ist innerhalb einer gewissen Zeit (von etwa drei Monaten) durch einseitigen Entscheid des Mannes widerrufbar, was bedeutet, dass der Ehemann seine Gattin, auch ohne deren Einverständnis, vor Ablauf der Frist wieder zurücknehmen kann. Die Verstossung kann direkt durch den Mann selbst oder indirekt durch eine von ihm beauftragte Drittperson erfolgen.

Da sie ihren Grund im Koran[30] hat, ist die Verstossung in allen muslimischen Staaten erlaubt, mit Ausnahme von Tunesien, wo Artikel 30 des Gesetzbuches über den

---

[30] Der Koran sagt: «Solche (widerrufliche) Ehescheidung ist zweimal erlaubt. Dann müsst ihr die Frau endgültig versöhnt behalten oder mit Vermögen gütlich (abgefertigt) entlassen. Es ist euch nicht erlaubt, etwas von dem zu behalten, was ihr dieser Frau zuvor geschenkt habt; es sei denn, dass beide Teile fürchten, die Gebote (Vorschriften) Allahs nicht erfüllen zu können. Befürchten

Personenstand lautet: «Die Scheidung kann nur vor einem Gericht erfolgen». Gewisse muslimische Länder haben indessen versucht, die Macht des Mannes einzuschränken, indem sie bei einer Verstossung einen gerichtlichen Versöhnungsversuch verlangen. Misslingt dieser, ist es dem Richter allerdings nicht möglich, den Mann daran zu hindern, seine Gattin zu verstossen.

Mohammed hat gesagt: «Die Verstossung ist die verabscheuungswürdigste Tat, die durch Gott erlaubt wird». Gewisse klassische Autoren schliessen daraus, dass der Mann sein Recht auf Verstossung nicht missbrauchen sollte; allerdings verbieten sie ihm nicht, davon Gebrauch zu machen. Aber kann man jemanden dafür bestrafen, dass er ein durch den Koran anerkanntes Recht anwendet? Gewisse arabische Gesetzesgeber sind davon überzeugt.

In Ägypten hat beispielsweise die Frau, «die ohne ihr Einverständnis und ohne dafür verantwortlich zu sein durch ihren Ehemann verstossen wird», zusätzlich zu dem während der Enthaltsamkeitsperiode geschuldeten Unterhaltsanspruch das Recht auf eine Trostentschädigung *(mut'ah)*; diese berechnet sich auf der Basis eines Unterhaltsbeitrags von mindestens zwei Jahren und berücksichtigt dabei die finanzielle Lage des Mannes, die besonderen Umstände der Verstossung und die Dauer der Ehe (Artikel 18bis des Gesetzes 100/1985). Das Gesetz bestimmt jedoch, dass nur jene Frau, «die eine eheliche Beziehung in einer gültigen Ehe pflegte» darauf Anrecht hat. Syrien (Artikel 117) und Jordanien (Artikel 134) haben dies noch grosszügiger geregelt, indem sie auf die ägyptische Zusatzbedingung verzichteten.

B) Verstossung gegen Kompensation oder Auskauf

Die Frau kann die Verstossung gegen Bezahlung einer Geldsumme mit ihrem Mann aushandeln. Praktisch alle Gesetzgebungen muslimischer Staaten sehen diese Möglichkeit vor. Mohamed Chafi schreibt: «Empfindet die Gattin Abneigung gegen ihren Ehemann, so kann sie von ihm verlangen, dass er sie verstösst, gegen Bezahlung einer finanziellen Gegenleistung, welche in Wirklichkeit das Lösegeld für ihre Freiheit ist».[31]

Gewisse Autoren bezeichnen ein derartiges Vorgehen als «Scheidung in gegenseitigem Einverständnis». Die Bezeichnung «Auskauf» wäre sicherlich angebrachter. Tatsächlich benutzt der Koran den Ausdruck *iftadat* (2:229), der an das Lösegeld zur Freilassung eines Gefangenen erinnert.

Auch wenn die Frau klar ausdrückt, dass sie die Ehe beenden möchte, so bleibt doch immer der Mann Herr der Lage; ohne sein Einverständnis kann die Ehe nicht aufgelöst werden. Der Auskauf kann sogar eine noch viel härtere Einrichtung als

---

sie aber wirklich, die Bestimmungen Allahs nicht erfüllen zu können, so ist es keine Sünde, wenn die Frau sich aus ihrem Vermögen auslöst (ihre Freiheit erkauft) (iftadat)» (2:229).

31 Mohamed Chafi: Gesetz über das Personalstatut mit Anmerkungen, Marrakech, 1996, S. 132-133.

die Verstossung sein, da er dem Ehemann erlaubt, psychologischen und finanziellen Druck auf seine Gattin auszuüben.

C) Scheidung

Im Gegensatz zur Verstossung ist die Scheidung (*tatliq*) eine aus gesetzlich vorgesehenen Gründen durch den Richter ausgesprochene Auflösung der Ehe. Während die Verstossung durch den Mann, und nur durch ihn allein vorgenommen werden kann, muss die Frau, die sich von ihrem Ehemann trennen möchte und ihre Freiheit nicht durch einen Auskauf erlangen kann, sich an ein Gericht wenden und diesem die Gründe unterbreiten, weshalb sie die Ehe auflösen möchte. Dies ist nicht immer einfach.

Leben die Eheleute in einem muslimischen Staat, der die Verstossung anerkennt, ist die schweizerische Ehefrau ständig vom Wohlwollen ihres Gatten abhängig, der sie jederzeit verstossen kann, um eine andere Frau zu heiraten. Da es für sie selbst äusserst schwierig ist, im Lande ihres Mannes die Scheidung zu erlangen, muss sie in die Schweiz zurückkehren, um dort das Scheidungsverfahren gegen ihren Mann einzuleiten.

In diesem Zusammenhang ist darauf hinzuweisen, dass gewisse muslimische Rechtsordnungen der Frau erlauben, im Ehevertrag ein eigenes Recht auf Verstossung des Mannes einzuschliessen. Dies ermöglicht ihr, ihren Mann in gleicher Weise zu verstossen, wie er es ihr gegenüber tun kann, ohne richterliches Urteil und ohne Bezahlung einer Entschädigungssumme. Natürlich ist es heikel, vorzuschlagen, eine derartige Klausel in den Ehevertrag einzuschliessen; aber offene und realistische zukünftige Ehepartner können sich damit abfinden. Sie können auch gegenseitig im Voraus auf Verstossung verzichten und sich beide verpflichten, nicht davon Gebrauch zu machen.

2) Auflösung der Ehe in der Schweiz

Die Schweiz anerkennt nur die Scheidung. Diese liegt ausschliesslich in der Kompetenz der Zivilgerichte, unabhängig von Nationalität und Religion des Ehepaares. Folglich müssen sich Eheleute, die in der Schweiz leben und ihre Ehe auflösen möchten, dazu an ein Gericht wenden.

In der Schweiz wird die Verstossung als Vergehen gegen die öffentliche Ordnung betrachtet. Muslimischen Imams oder ausländischen Konsularbehörden ist es untersagt, anstelle der zuständigen zivilen Behörden die Auflösung einer Ehe auszusprechen, unabhängig davon, welcher Nationalität oder Religion die Ehegatten angehören. Gegen einen Imam, der in der Schweiz eine Ehe auflöst, können strafrechtliche Sanktionen[32] ergriffen werden, und er riskiert die Annullierung seiner Aufenthaltsbewilligung. Die Schweiz anerkennt die Auflösung der Ehe durch eine religiöse Obrigkeit nicht, und es können sich daher praktisch unlösbare Probleme ergeben, wenn die Eheleute der Meinung sind, dass ihre Ehe auf diese Weise auf-

---

[32] Artikel 271 (Handlungen für einen fremden Staat) und 287 (Amtsanmassung) des Schweizerischen Strafgesetzbuches.

gelöst worden sei. So glaubte ein Muslim nach einer durch einen Imam ausgesprochenen Scheidung, von allen Pflichten gegenüber seiner Frau befreit zu sein, und er kaufte sich eine Liegenschaft. Darauf wandte sich seine Frau an ihn, um die Hälfte davon für sich zu fordern.

Es kann auch vorkommen, dass in der Schweiz wohnende Muslims ihre Ehefrauen durch Drittpersonen verstossen lassen, was in der Schweiz ebenfalls nicht anerkannt wird. So hatte in einem konkreten Fall ein muslimischer Ehemann seinen in Ägypten lebenden Bruder damit beauftragt, in seinem Namen die Verstossung seiner in der Schweiz lebenden Ehefrau auszusprechen. Diese erfuhr durch eine Freundin in Ägypten von ihrer Verstossung. Diese Verstossung wurde in der Schweiz nicht anerkannt. Der Ehemann musste sich an ein schweizerisches Gericht wenden, um die Ehe gemäss schweizerischen Normen auflösen zu lassen, nachdem er sich schon wieder verheiratet hatte, in der Meinung, seine erste Ehe sei aufgelöst.[33]

Kapitel 7.
Verhältnis zwischen Eltern und Kindern

1) Informieren Sie sich vor der Heirat!

Für jeden normalen Menschen ist es selbstverständlich, dass er seine Kinder gern hat und ihnen seine eigenen Wertvorstellungen weitergeben möchte. Daraus ergeben sich in der Regel keine besonderen Schwierigkeiten, wenn für beide Eltern ähnliche Werte wichtig sind. Die Partner sprechen denn auch eher selten bereits vor der Heirat über Fragen, die ihre zukünftigen Kinder betreffen; solche Probleme werden dann später gemäss den gesetzlichen Vorschriften und allenfalls nach gesellschaftlichen Regeln gelöst, die ihnen gemeinsam sind.

Ganz anders sollte vorgegangen werden, wenn die zukünftigen Ehepartner verschiedenen Kulturen angehören. Oft wissen sie nichts oder nur wenig über die teilweise geradezu gegensätzlichen Regeln, die in ihren jeweiligen Gesellschaften das Verhältnis zu den Kindern bestimmen. Es ist deshalb wichtig, dass sich beide Partner bereits vor der Eheschliessung gegenseitig über diese Normen informieren und schriftlich festhalten, zu welchen Zugeständnissen sie bereit sind. Sie sollten diese ernsthaft und gründlich besprechen, gerade so, als ob die Kinder schon da wären. Wir möchten dabei auf folgende Punkte aufmerksam machen:

2) Sexuelle Beziehungen und ausserehelich geborene Kinder

In der heutigen westlichen Gesellschaft ist es immer weniger verpönt, ausserhalb der Ehe sexuelle Beziehungen zu haben oder aussereheliche Kinder zu gebären. Die Anzahl lediger Mütter und ausserehelich geborener Kinder steigt ständig an. Auch wenn eine solche Situation in gewissen Familien immer noch schlecht ak-

---

[33] Entscheidung vom 14.11.1991 des Cour de Justice civile (La semaine judiciaire, 114. Jahrgang, Nr. 13, 31.3.1992, S. 209-224).

zeptiert wird, versucht der Gesetzgeber in den westlichen Staaten immerhin, die gesetzlichen Normen nach und nach an die neuen sozialen Gegebenheiten anzupassen, um die Diskriminierung lediger Mütter und ausserehelicher Kinder zu beseitigen. So muss der leibliche Vater Unterhaltspflichten gegenüber seinem Kind übernehmen, und dieses ist erbrechtlich ehelichen Kindern gleichgestellt.

In der traditionellen muslimischen Gesellschaft muss das Mädchen als Jungfrau in die Ehe eintreten. In gewissen Gemeinschaften muss es dem Ehemann, den Eltern und den geladenen Hochzeitsgästen mit einem blutbefleckten Bettlaken oder Wattebausch den Beweis seiner Jungfräulichkeit erbringen. Frauen, die ihre Jungfräulichkeit verloren haben, versuchen gelegentlich, diese wiederherzustellen, indem sie sich durch einen Chirurgen das sog. Jungfernhäutchen wieder zunähen lassen. Manchmal greifen sie auch auf andere Listen zurück, um Jungfräulichkeit vorzutäuschen, indem sie beispielsweise arrangieren, dass die Hochzeitsnacht und die Monatsblutung zusammenfallen. Im übrigen erlaubt das muslimische Recht dem Mann, im Ehevertrag als Bedingung festzuhalten, dass die Frau als Jungfrau in die Ehe eintreten müsse. Sollte sich nach der Eheschliessung erweisen, dass sie diese Bedingung nicht erfüllt hat, so kann er die Ehe annullieren lassen und die Rückerstattung der bezahlten Morgengabe verlangen.[34]

Wenn von der Braut Jungfräulichkeit verlangt wird, so ist es natürlich umso wichtiger, dass sie eine voreheliche Schwangerschaft oder ein ausserehelich geborenes Kind vermeidet. Der leibliche Vater kann dieses nicht anerkennen und übernimmt keinerlei Verpflichtungen ihm gegenüber; das Kind wird nur seine Mutter beerben. Das Gesetz schweigt übrigens zum Problem nichtehelicher Kinder. Die ledige Mutter wird sowohl vom Gesetzgeber wie auch von der muslimischen Gesellschaft gänzlich im Stich gelassen, was sie häufig dazu treibt, ihr Kind einem Waisenhaus zu überlassen.[35]

Heutzutage kann man von einer Schweizerin, die einen Muslim heiraten möchte, kaum erwarten, dass sie bei der Eheschliessung noch Jungfrau ist. Sie sollte es jedoch unbedingt vermeiden, die Hochzeitsnacht in der muslimischen Umgebung des Bräutigams zu verbringen. Und eine Schwangerschaft vor der Eheschliessung muss auf jeden Fall vermieden werden; die Frau und ihr Kind riskieren, von der Familie des Bräutigams, und manchmal sogar von ihm selbst, abgelehnt und ausgestossen zu werden.

3) Vorname des Kindes

Ein wichtiges Problem, das schon vor der Eheschliessung gelöst werden muss, ist die Wahl der Vornamen der Kinder. Man sollte keinesfalls damit warten, bis die Frau schwanger oder das Kind geboren ist.

---

[34] Muhammad Ibn-Ma'guz: Ahkam al-usrah fil-shari'ah al-islamiyyah, Casablanca, 1990, S. 210.
[35] Zu diesem Punkt siehe: Magdi Kamil: Awham al-gins, 3. Aufl., Kairo, 1995, S. 12-14; Wedad Zenie-Ziegler: La face voilée des femmes d'Egypte, Paris, 1985, S. 148-155.

Arabische Vornamen können eine muslimische, christliche oder neutrale Neben-
bedeutung haben. So zeigen Vornamen wie Muhammad, Ali und Hassan, dass ihre
Träger Muslime sind. Die Vornamen Hanna (Hans), Boulos (Paul) und Boutros
(Peter) sind christlich. Die Namen Sami, Jamal und Ibrahim können von muslimischen wie auch von christlichen Arabern getragen werden.

Dazu kommt die nationale Bedeutung eines Vornamens; ein Hans-Peter wird in
der westlichen Gesellschaft kaum auffallen, während ein Vorname wie Jamal an-
zeigt, dass sein Träger Araber oder arabischer Muslim ist. In diesem Zusammenhang fällt auf, dass muslimische Familien ihren Töchtern oft «europäische» Vornamen geben, genau so, wie es bei schweizerischen christlichen Familien vor-
kommt, dass sie ihren Kindern wegen des exotischen Beiklangs arabische Vornamen geben.

Daraus ergibt sich, dass ein schweizerischer Ehepartner, der aus irgendwelchen
Gründen nicht wünscht, dass sein Kind einen arabischen oder muslimischen Vornamen trägt, dies den andern Ehepartner unbedingt vor der Trauung wissen lassen
muss. Eine entsprechende Vereinbarung ist im Ehevertrag schriftlich festzuhalten.
Das Paar kann auch einen doppelten Vornamen bestimmen, eine Lösung, die oft
gewählt wird.

Es ist zu erwähnen, dass in der Schweiz die Vornamen der Kinder von beiden Eltern gemeinsam gewählt werden können, vorausgesetzt, dass sie verheiratet sind.[36]
Der Name wird gleichzeitig mit der Geburt angemeldet.[37]

4) Religion des Kindes

Nach schweizerischem Recht entscheiden die Eltern gemeinsam über die Religion
ihrer Kinder und die religiöse Erziehung, die sie ihnen geben oder auch nicht geben wollen. Können sie sich darüber nicht einigen, so obliegt es dem Richter, eine
Entscheidung zu treffen. Nach einer Scheidung entscheidet der Ehepartner, der die
elterliche Gewalt innehat, über die religiöse Erziehung des Kindes. Der Schei-
dungsrichter trägt in seinem Urteil einer allfälligen Vereinbarung der Eltern über
die Ausübung des Sorgerechts und der elterlichen Gewalt (mithin auch der religiösen Erziehung) Rechnung; eine entsprechende Konvention bedarf jedoch seiner
Genehmigung. In jedem Fall haben aber die Kinder in der Schweiz ab ihrem 16.
Lebensjahr das Recht, ihre Religion frei zu wählen. Es steht ihnen ab diesem Alter
auch frei, den Religionsunterricht nicht mehr zu besuchen (Artikel 303 des Zivilgesetzbuches).

Diese Art Religionsfreiheit ist im muslimischen Recht unvorstellbar. In allen muslimischen Ländern sind Kinder, deren einer Elternteil Muslim ist, automatisch auch
Muslime. So verhält es sich selbst dann, wenn die Eltern vor oder nach der Eheschliessung einverstanden wären, ihre Kinder christlich zu taufen und zu erziehen;
ein derartiges Abkommen ist vor dem Gesetz wertlos. Die einzige Möglichkeit,

---

36 Artikel 301 Absatz 4 des Zivilgesetzbuches. Artikel 69 Absatz 1 der Zivilstandsverordnung.
37 Artikel 69 Absatz 2 der Zivilstandsverordnung.

eine solche Vereinbarung zu verwirklichen, besteht darin, die Kinder ausserhalb muslimischer Staaten aufwachsen zu lassen, wo es ihnen möglich sein wird, ihre Religion frei auszuüben. Es ist allerdings daran zu erinnern, dass es muslimischen Kindern auch nach ihrer Volljährigkeit nicht erlaubt ist, eine andere Religion als den Islam zu wählen. Ein als Muslim geborenes Kind bleibt Muslim für sein ganzes Leben.

Wegen dieser diametral entgegengesetzten Auffassungen ist es äusserst wichtig, dass die Partner sich diese Fragen von Religionswahl und religiöser Erziehung schon vor der Trauung und spätestens bevor sich Kinder ankündigen, genau überlegen. Sie sollten ihre Abmachungen schriftlich festhalten, um sich über die eingegangenen Verpflichtungen im Klaren zu sein.

Das Problem wird dann aktuell, wenn sich die Ehegatten in ein muslimisches Land begeben. Vereinbarungen, die den muslimischen Normen widersprechen, werden dort wertlos. Der Ehemann wird, ob er dies möchte oder nicht, gezwungen sein, sich an die örtlichen Normen zu halten, um dem geltenden Gesetz und den familiären und sozialen Anforderungen zu genügen. Es ist praktisch ausgeschlossen, dass muslimische Grosseltern akzeptieren, dass ihre Enkel eine andere Religion haben als sie selbst. In einem konkreten Fall musste ein mit einer Schweizerin verheirateter Marokkaner sämtliche Beziehungen zu seinen Eltern und zu seinem Heimatland abbrechen, weil er damit einverstanden gewesen war, dass seine Kinder Christen wurden.

Erwähnt sei in diesem Zusammenhang, dass das muslimische Familienoberhaupt Frau und Kinder zwingen kann, die religiösen Pflichten zu erfüllen, insbesondere die fünf täglichen Gebete und das Fasten während des Ramadan. Es sei ferner daran erinnert, dass Muslime im Prinzip weder Schweinefleisch essen dürfen noch das Fleisch anderer Tiere, die nicht nach muslimischen Vorschriften geschlachtet (geschächtet) wurden; auch trinken Muslime keine alkoholischen Getränke (Wein, Likör etc.). Ein muslimischer Ehemann kann folglich von seiner Frau verlangen, keine solchen Lebensmittel nach Hause zu bringen oder ihr sogar verbieten, sie ausserhalb des Hauses zu geniessen, damit nicht Spuren davon durch die Muttermilch an die Kinder weitergegeben werden. Alle diese Fragen müssen vor der Heirat durch die Ehegatten genau besprochen werden; entsprechende Vereinbarungen sind schriftlich festzuhalten.

5) Religiöse Zeichen: Taufe, Beschneidung

Im Allgemeinen lassen die Christen ihre Kinder taufen als Zeichen ihrer Zugehörigkeit zur Kirche. Eine wachsende Zahl von Eltern unterlässt dies heutzutage, teils aus mangelndem Interesse, teils aber auch aus Respekt für die Wahlfreiheit des Kindes. Dieses soll später, wenn es dazu reif genug ist, selbst entscheiden können, ob es getauft werden will oder nicht. In jedem Falle hat das Kind nach schweizerischem Recht ab seinem 16. Lebensjahr das Recht, seine Religion frei zu wählen; es kann diese später auch beliebig wechseln.

Muslime und Juden beschneiden ihre männlichen Kinder praktisch ohne Ausnahme.

Die Beschneidung der Mädchen ist in zahlreichen muslimischen Ländern wie Iran, Türkei, Algerien, Tunesien, Marokko, Jordanien, Syrien und Irak unbekannt. Aber sie wird immer noch in 28, vor allem afrikanischen und mehrheitlich muslimischen Staaten praktiziert.[38] Sie ist besonders verbreitet in Somalia, im Sudan und in Ägypten, wobei im letztgenannten Staat gemäss Angaben des ägyptischen Ministeriums für öffentliches Gesundheitswesen 97 % der Mädchen beschnitten sind.[39]

Aus Respekt für die körperliche Unversehrtheit ihrer Kinder sollten die Eltern warten, bis ihre Knaben und Mädchen volljährig sind; sie werden dann selbst frei entscheiden können, ob sie sich diesen Eingriffen unterziehen wollen oder nicht.[40]

Gewiss hat eine derartige Vereinbarung der Eltern gute Chancen, respektiert zu werden, solange sie in der Schweiz leben. Ganz anders aber sieht es aus, wenn sie sich in die Heimat des muslimischen Ehepartners begeben. Oft befiehlt dann dessen Familie die Befolgung der örtlichen Sitten und zögert nicht, die Beschneidung des Kindes trotz des Widerstandes der Eltern durchzuführen. Um derartige Übergriffe der Familie auf die Kinder zu vermeiden, ist es vorzuziehen, diese bis zur Volljährigkeit in der Schweiz zu lassen.

6) Anzahl Kinder, Verhütungsmethoden und Adoption

Im Westen sind sich die Ehepartner im Allgemeinen einig über die Anzahl Kinder, die sie sich wünschen. Kinderreiche Familien werden allerdings immer seltener. Mit verschiedenen Verhütungsmitteln wird die Zahl der Kinder beschränkt oder der Zeitabstand zwischen den Geburten geregelt.

Muslimische Staaten versuchen mit diversen Methoden, den Bevölkerungszuwachs zu beschränken, jedoch ohne grossen Erfolg, da die religiösen Kreise im Allgemeinen gegen die Geburtenkontrolle sind. Der Ehemann kann seiner Gattin verbieten, Verhütungsmittel zu verwenden. Zudem hat die Frau ihrerseits das Recht, so viele Kinder zu haben, wie sie wünscht und es ihre Gesundheit erlaubt. Es gibt auch Ärzte, die sich weigern, Verhütungsmittel zu verschreiben.

Generell stellt man fest, dass muslimische Familien und bikulturelle Paare, die im Westen leben, die Tendenz haben, die Zahl der Kinder zu beschränken. Es ist dabei aber wichtig, dass die nichtmuslimische Frau diese Frage bereits vor der Vermäh-

---

[38] OMS, Mutilations sexuelles féminines, dossier d'information, 2. August 1994, S. D2-D3.

[39] Al-Wafd, 13. Januar 1997; Egypt demographic and health survey, September 1996, S. 171. Die islamische Universität Azhar, in Kairo, akzeptiert diese Praktiken im Namen der islamischen Religion, obschon die ägyptische Regierung sie zu unterdrücken versucht. (Siehe dazu die fatwa von Gad-al-Haq, die zusammen mit der Oktoberausgabe 1994 der Zeitschrift Al-Azhar veröffentlicht und gratis verteilt wurde).

[40] Zu Fragen der männlichen und weiblichen Beschneidung, siehe Sami Aldeeb: Circoncision masculine – circoncision féminine: débat religieux, médical, social et juridique, L'Harmattan, Paris, 2001, 537 Seiten. Ebenfalls verfügbar in Englisch: Male and female circumcision among Jews, Christians and Muslims: religious, medical, social and legal debate, Shangri-La Publications, Warren Center, PA 19951, USA, 2001, 400 Seiten, und in arabischer Sprache auf dem Internet: http://www.lpj.org/Nonviolence/Sami/Circon/Index.htm. Siehe auch sein Buch: Circoncision: le complot du silence, L'Harmattan, Paris, 2003, 243 Seiten.

lung mit ihrem künftigen Ehemann bespricht, damit sie seinen Standpunkt kennt und sich mit ihm darüber einig werden kann, wie viele Kinder sie haben möchten.

Ein anderes Problem ist die Adoption. Wenn ein Paar in der westlichen Gesellschaft Schwierigkeiten hat, Kinder zu bekommen, greift es oft auf diese Möglichkeit zurück. Es handelt sich dabei um eine rechtliche Möglichkeit, die in muslimischen Staaten verboten ist. Dieses Verbot beruht auf dem Koran (33.4-5). Als einziger muslimischer Staat akzeptiert Tunesien die Adoption. Es ist in diesem Land allerdings nur einem Muslim erlaubt, ein muslimisches Kind zu adoptieren. In den anderen Ländern existiert die Möglichkeit der so genannten «Aufnahme». Dabei verpflichtet sich das Paar, welches ein Kind bei sich aufnimmt, diesem Zuneigung und materielle Unterstützung zuteilwerden zu lassen; grundsätzlich kann aber das aufgenommene Kind weder den Familiennamen der Pflegefamilie annehmen noch ist es ihr gegenüber erbberechtigt. Immerhin kann es mit einem Vermächtnis bedacht werden.

Bleibt ein muslimisches Paar kinderlos, so macht der Ehemann oft seine Frau dafür verantwortlich. Da die künstliche Befruchtung in muslimischen Ländern nur wenig verbreitet oder sogar verboten ist, und es zudem nicht möglich ist, ein Kind zu adoptieren, verstösst der Mann oft seine Gattin oder heiratet eine zweite Frau. Aus diesem Grunde wäre es empfehlenswert, wenn beide Partner sich vorehelich medizinisch untersuchen liessen (Sterilität, Geschlechtskrankheiten, Aids, etc.); derartige Untersuchungen werden übrigens von gewissen muslimischen Staaten verlangt. Sollte einer der Partner steril sein, so könnte eine Verehelichung gewisse Schwierigkeiten mit sich bringen, auch wenn das Paar selbst eine kinderlose Ehe akzeptieren kann. Tatsächlich wird die Familie des Ehemannes eine so schwerwiegende Verletzung der sozialen Regeln nur äusserst selten akzeptieren, auch wenn das Paar weit entfernt von der Familie des Mannes in der Schweiz lebt.

7) Sorgerecht bei Auflösung der Ehe

Nach schweizerischem Recht entscheidet bei einer Scheidung der Richter über die Zuteilung der Kinder, und dies oft zugunsten der Mutter. Im muslimischen Recht ist die Situation anders.

Gemäss muslimischem Recht ist in erster Linie die Mutter berechtigt, für das Kind zu sorgen; die Ausübung der elterlichen Gewalt aber ist Sache des Vaters. Die Dauer des Sorgerechts der Mutter hängt vom Geschlecht des Kindes ab. Das Sorgerecht für das Mädchen dauert länger als dasjenige für den Knaben. Nach Erlöschen des mütterlichen Sorgerechts gewähren einige Rechtsordnungen dieses dem Vater, andere lassen dem Kind die freie Wahl, entweder beim Vater, bei der Mutter oder bei anderen Verwandten zu wohnen.

Der nichtmuslimischen Mutter wird normalerweise ab einem gewissen Alter (gewöhnlich ab fünf Jahren) das Sorgerecht für ihre Kinder entzogen, unabhängig davon, ob es sich um Mädchen oder Knaben handelt. Man befürchtet, dass sie das Kind religiös beeinflussen und es in einer anderen Religion als derjenigen des Vaters, d.h. dem Islam, erziehen könnte. Damit lässt es sich leicht begründen, der Mutter die Kinder wegzunehmen. In jedem Falle ist es einer nichtmuslimischen

Mutter, die sich zum Islam bekehrt hatte und dann wieder zu ihrem früheren Glauben zurückkehrt (Apostasie), untersagt, die Kinder zu behalten. Die Apostasie ist ein Hinderungsgrund für die Ausübung des Sorgerechts. Ebenso verliert die Mutter das Recht, für ihre Kinder zu sorgen, wenn sie sich nach der Scheidung wieder verheiratet oder wenn sie in einer anderen Stadt lebt als der Vater.

Wohnt das Paar in der Schweiz und wird die Scheidung in diesem Land ausgesprochen, so wird der schweizerische Richter schweizerisches und nicht muslimisches Recht anwenden. Der muslimische Vater ist jedoch nur selten damit einverstanden, dass die Kinder der Mutter zugesprochen werden, da er befürchtet, sie könnte diese in einer nichtmuslimischen Religion erziehen. Dies kann dann Anlass sein für eine jener Tragödien von Kindesentführungen. Diese sind sehr schwierig zu behandeln, da kein muslimischer Staat den Haager Abkommen über die internationale Kindesentführung von 1980 beigetreten ist.[41]

Wohnen die Ehepartner in einem muslimischen Staat, dann entgeht die Ehefrau der Anwendung muslimischer Normen nicht. Wenn die Kinder fünf Jahre alt sind, wird der Mutter das Sorgerecht für sie entzogen. Auch vorher ist sie nicht Inhaberin der elterlichen Gewalt. Dies wird insbesondere dann zum Problem, wenn der muslimische Ehemann stirbt. In diesem Falle werden die Kinder ihrer Mutter weggenommen und den Grosseltern väterlicherseits übergeben. Diese Situation veranlasst eine grosse Anzahl nichtmuslimischer Frauen, zum Islam überzutreten, um so das Sorgerecht für ihre Kinder nicht zu verlieren.

Die nichtmuslimische Ehefrau soll mit ihrem muslimischen Gatten schriftlich vereinbaren, dass hinsichtlich des Sorgerechts für die Kinder schweizerisches Recht zur Anwendung kommt. Gewiss ist eine derartige Vereinbarung nicht von grossem Wert, wenn das Paar in einem muslimischen Staat wohnt, wo muslimische Regeln gelten. Sie wird jedoch von Nutzen sein, wenn die Frau in der Schweiz die Scheidung einreicht oder wenn sie nach dem Tode des Mannes in die Schweiz zurückkehrt.

Kapitel 8.
Erbrecht

1) Erbrecht bei Apostasie

Gemäss Schweizer Recht wird die Erbfolge erst mit dem Tode eines Menschen eröffnet. Im muslimischen Recht kann sie bereits zu Lebzeiten einer Person eröffnet werden, nämlich dann, wenn jemand Apostat, d.h. dem Islam abtrünnig wird. Gemäss dem klassischen muslimischen Recht muss der Apostat getötet werden. Aber auch dort, wo die Todesstrafe nicht praktiziert wird, gilt der Apostat nichtsdestoweniger als tot. Er kann niemanden beerben und seine eigene Erbfolge wird eröffnet, auch wenn er noch lebt, insbesondere dann, wenn er sein Land verlässt,

---

41   RS 0.211.230.02.

um der Justiz zu entgehen. Nur muslimische Erbberechtigte können ihn beerben. Wenn er zum Islam zurückkehrt, bekommt er sein Vermögen zurück.[42]

2) Erbrecht beim Tode

Das muslimische Recht untersagt jegliche Erbfolge zwischen Muslims und Nichtmuslims. So kann eine nichtmuslimische Ehefrau, die einen Muslim heiratet und Kinder gebärt, weder ihren Gatten noch ihre Kinder (die automatisch Muslime werden) beerben. Andererseits ist es auch muslimischen Kindern nicht möglich, Erben ihrer nichtmuslimischen Mutter zu sein. Die einzige Möglichkeit, diese Vorschrift zu umgehen, besteht darin, bis zu höchstens einem Drittel der Erbschaft ein Vermächtnis zugunsten desjenigen auszusetzen, der wegen seiner Zugehörigkeit zu einer anderen Religion von der Erbschaft ausgeschlossen ist.

Im übrigen gewährt das muslimische Recht der Frau grundsätzlich die Hälfte dessen, was ein Mann erhalten würde. So erhält ein Mädchen halb soviel wie sein Bruder, und die Frau die Hälfte dessen, was der Mann im Falle ihres vorherigen Todes erhielte.

Liegt der letzte Wohnsitz des muslimischen Ehegatten in der Schweiz, so gelten bei seinem Tod die Regeln des schweizerischen Rechts. Das Problem der religiösen Gesetzesnormen stellt sich nicht. Es wird jedoch schwierig sein, ein schweizerisches Urteil zu vollstrecken, welches sich auf Vermögenswerte bezieht, die sich im Heimatland des muslimischen Partners befinden.

Deswegen ist es wichtig, dass die Ehepartner sich im Vornherein über die Regelung ihres jeweiligen Nachlasses einig werden, indem sie diese dem Schweizer Recht unterstellen. Eine solche Vereinbarung ist allerdings wertlos, wenn beide Partner in einem muslimischen Land leben, da dort automatisch muslimisches Recht angewandt wird. Für diesen Fall müsste die Frau eine Vereinbarung zu erlangen suchen, in der bestimmt wird, dass zugunsten des überlebenden Ehepartners ein Vermächtnis in der Höhe eines Drittels der Erbschaft ausgesetzt wird.

Die muslimischen Regeln über das Erbrecht veranlassen viele nichtmuslimische Frauen, die mit Muslimen verheiratet sind, zum Islam überzutreten, sei es auch nur formell; ihnen selbst ermöglicht dies, den Ehegatten zu beerben, und den Kindern – die im Allgemeinen Muslime sind – erlaubt es, von der mütterlichen Erbschaft nicht ausgeschlossen zu werden.

Kapitel 9.
Tod und Begräbnis

Wenn man heiratet, spricht man nicht vom Tode! Aber früher oder später wird man unweigerlich damit konfrontiert werden. Und wenn die Ehepartner verschiedenen Religionen und Kulturen angehören, ist diese Konfrontation noch schwieriger we-

---

[42] Dies wird ausdrücklich bestimmt in Artikel 294 des kuwaitischen Familiengesetzbuches.

gen der unterschiedlichen Sitten, die den Tod und die Begräbnisfeierlichkeiten betreffen.

In der Schweiz[43] hat jede Person das Recht, würdig begraben zu werden. Die Friedhöfe unterstehen der Aufsicht der zivilen Behörden; diese sind verantwortlich für den Respekt den Toten gegenüber und für die Ordnung auf dem Friedhof, insbesondere was die Gestaltung der Gräberreihen und die Wiederverwendung der Gräber nach einer bestimmten Zeitspanne betrifft. Diese Behörden können dem Wunsch religiöser Gemeinschaften entsprechen und die Bewilligung erteilen, besondere Friedhöfe zu unterhalten oder neu zu schaffen; sie behalten die Aufsicht darüber. In der Schweiz ist die Kremation auf Wunsch des Verstorbenen oder seiner Familie erlaubt.[44]

In den muslimischen Staaten, wie auch in Israel, beerdigt jede religiöse Gemeinschaft ihre Toten in ihrem eigenen Friedhof. Es ist verboten, ein Mitglied einer anderen Gemeinschaft dort zu begraben. Klassische und moderne muslimische Autoren nehmen an, dass das Begraben von Nichtmuslimen und Muslimen auf dem gleichen Friedhof den Letzteren schaden könnte.

Ist der Mann Muslim und seine Frau Nichtmuslimin, werden beide je in ihrem eigenen Friedhof begraben. So werden die Ehegatten, nachdem sie ihr ganzes Leben gemeinsam verbracht und das eheliche Bett geteilt haben, aus religiösen Gründen nach dem Tode getrennt!

Das muslimische Begräbnis erfolgt gemäss speziellen Regeln; der Tote wird Richtung Mekka begraben. Den Frauen ist es untersagt, den Toten zu begleiten und beim Begräbnis dabeizusein, was problematisch sein kann, wenn der Verstorbene nur Töchter hinterlässt. Die Wiederverwendung von Gräbern und Friedhöfen erfolgt selten und nur aus dringlichen Gründen. Die Kremation ist verboten.

Die muslimischen religiösen Obrigkeiten erachten es als notwendig, dass Muslime, die in nichtmuslimischen Ländern leben, gemäss ihren religiösen Vorschriften in ihren eigenen Friedhöfen begraben werden sollten. Wenn derartige Friedhöfe nicht existieren, sollte der Verstorbene in das nächstgelegene muslimische Land gebracht werden. Aber wegen der hohen Transportkosten akzeptieren sie notgedrungen auch, dass der Muslim in einem nichtmuslimischen Friedhof bestattet wird. Besteht die Wahl zwischen einem jüdischen und einem christlichen Friedhof, so ist der christliche vorzuziehen. Und wenn zwischen einem jüdischen und einem heidnischen gewählt werden muss, ist dem jüdischen Friedhof der Vorzug zu geben.

---

[43] Artikel 53 Abs. 2 der alten Bundesverfassung bestimmte: «Die Verfügung über die Begräbnisplätze steht den bürgerlichen Behörden zu. Sie haben dafür zu sorgen, dass jeder Verstorbene schicklich beerdigt werden kann». Die neue Bundesverfassung hat diese Regelung gestrichen, in der Annahme, dass sie durch Artikel 7, welcher bestimmt «Die Würde des Menschen ist zu achten und zu schützen» abgedeckt ist.

[44] Zur Frage der Friedhöfe in der Schweiz, siehe: Sami Aldeeb, Cimetière musulman en Occident: normes juives, chrétiennes et musulmanes, L'Harmattan, Paris 2002, 168 Seiten.

Die in der Schweiz lebenden Muslims verlangen nachdrücklich, dass spezielle Friedhöfe für sie reserviert werden, um ihnen zu ermöglichen, gemäss ihren religiösen Normen begraben zu werden. Aber es gibt nur wenige Schweizer Gemeinden, die bis jetzt ihrem Wunsche nachgekommen sind, da auch die Katholiken und Protestanten nicht mehr über getrennte Friedhöfe verfügen.

Gewiss gibt es auch Muslims, die zusammen mit Nichtmuslims in gemeinsamen Friedhöfen begraben sind. Aber die meisten werden, aus religiösen oder sentimentalen Gründen, nach ihrem Ableben in ihre Heimat überführt, um dort gemäss ihren Normen begraben zu werden. Dies geht jedoch kaum ohne grossen administrativen und finanziellen Aufwand. Es mag deshalb angebracht sein, auch diesen Punkt im Ehevertrag und in seinem Testament schriftlich zu regeln, um sich darüber im Klaren zu sein und schmerzhafte Konflikte beim Hinschied eines geliebten Menschen zu vermeiden. Dies ist insbesondere der Fall, wenn der muslimische Gatte sich kremieren lassen möchte, da die muslimische Gemeinschaft dies ablehnt.[45]. Wenn der muslimische Partner sich in seiner Heimat begraben lassen will, ist es ratsam, für den Transport der Leiche einen entsprechenden Vertrag mit einer Versicherungsgesellschaft oder einem Beerdigungsinstitut in seinem Heimatland oder der Schweiz abzuschliessen.

Schlusswort

Die Ehe ist immer ein Abenteuer, und ihr Erfolg hängt in erster Linie vom guten Willen und vom gegenseitigen Verständnis der Ehepartner ab. Ziel dieser Broschüre ist es, die künftigen Ehegatten, von denen ein Partner Muslim ist, auf einige juristische und kulturelle Probleme aufmerksam zu machen, so dass ihre Entscheidung wohl überlegt und auf Kenntnis aufgebaut sein wird.

Es ist immer von Vorteil, wenn in einer Beziehung Klarheit herrscht, und es lohnt sich, in aller Offenheit miteinander zu sprechen und sich für die Entscheidung genügend Zeit zu nehmen! Es gibt viele Organisationen, die Ihnen dabei helfen und Sie informieren können. Sie finden im Anhang eine Liste solcher Beratungsstellen. Benützen Sie sie!

Vor allem raten wir, vor der Eheschliessung einen Vertrag vor einem Notar abzuschliessen. Und wenn Sie es vor der Trauung nicht haben tun können, holen Sie es später nach. Besser spät als nie ... Sie finden hiernach einen Muster-Vertrag in fünf Sprachen.

Wie immer Sie sich auch entscheiden werden, wir wünschen Ihnen viel Glück und Erfolg im Leben.

---

[45] In einem in der Schweiz vorgekommenen Fall musste eine christliche Ehefrau auf Druck der muslimischen Gemeinschaft darauf verzichten, ihren marokkanischen verstorbenen Gatten kremieren zu lassen, obschon dieser eine Kremation gewünscht hatte (Le Matin, 7. und 10.3.2001, Artikel von Jean-A. Luque).

Muster-Ehevertrag

Der Mustervertrag sollte durch die künftigen Ehepartner separat ausgefüllt werden, bevor sie die Antworten miteinander vergleichen. Der definitive Text, mit dem beide Partner einverstanden sind, ist vor einem Notar zu unterzeichnen. Ein Exemplar bleibt beim Notar. Nichtzutreffendes ist zu streichen oder abzuändern.

1) Trauung

Nach reiflicher Überlegung haben die Unterzeichnenden

Herr .... Geboren am ....

Nationalität .... Religion ....

Zivilstand (ledig, geschieden, verwitwet)

und

Frau .... Geboren am ....

Nationalität .... Religion ....

Zivilstand: ledig, geschieden, verwitwet

sich entschlossen:

die Ehe einzugehen

in der Schweiz vor dem Zivilstandsamt in ....

im Ausland (Name des Landes) .... vor ....

Anschliessend an die zivile Eheschliessung folgt eine religiöse Zeremonie (Art der Zeremonie) ....

oder

Der Ziviltrauung folgt keine religiöse Zeremonie.

Gemeinsamer Wohnsitz wird sein

(hier ist das Land einzusetzen) ....

Die Frau behält das schweizerische Bürgerrecht.

Sie behält ihren Familiennamen, (oder) sie nimmt den Namen ihres Mannes an.

2) Religionsfreiheit der Ehegatten

Jeder Ehegatte beabsichtigt, seine eigene Religion beizubehalten und verpflichtet sich, die Freiheit des anderen zum Glauben und zum Gottesdienstbesuch zu respektieren, einschliesslich seines Rechtes, die Religion zu wechseln.

Mann und Frau verpflichten sich, ihre Nahrungsvorschriften dem Partner nicht aufzuzwingen.

3) Treue und Monogamie

Mann und Frau schulden sich gegenseitig Unterstützung und Treue. Sie bezeugen, dass sie im Zeitpunkt der Eheschliessung nicht bereits verheiratet sind. Jeder verpflichtet sich, keine andere Person zu heiraten, solange diese eheliche Verbindung aufrechterhalten bleibt. Im Falle falscher Angaben oder bei Nichteinhalten der hiervor erwähnten Verpflichtungen ist jeder Partner berechtigt, allein aus diesem Grunde die Scheidung zu verlangen.

4) Kinder

Mann und Frau bestätigen, dass sie sich vorehelich medizinisch haben untersuchen lassen und den Partner über das Ergebnis dieser Untersuchungen informiert haben.

Die Kinder werden folgender Religion zugehören ....

Sie werden in dieser Religion erzogen werden. Ab ihrem 16. Lebensjahr haben sie in Übereinstimmung mit Artikel 303 Absatz 3 des Schweizerischen Zivilgesetzbuches das Recht, über ihre Religionszugehörigkeit oder einen Religionswechsel selbständig und frei, ohne jeden Druck seitens der Eltern oder ihrer Familien, zu entscheiden.

Die Kinder werden europäische, christliche, muslimische, arabische, neutrale Vornamen tragen. Der Vorname wird einvernehmlich durch die Eltern bestimmt (ev. bereits die Vornamen wählen).

Die Kinder werden im Alter von .... Jahren getauft werden.

Nach dem vollendeten 18. Lebensjahr werden sie frei wählen können, ob sie sich beschneiden lassen möchten oder nicht.

Die Kinder werden staatliche, muslimische, christliche, jüdische Schulen besuchen.

Die Kinder werden im Pass ihrer Mutter eingetragen.

Der muslimische Partner wird sich der Heirat seiner Töchter mit einem Nichtmuslim nicht widersetzen.

5) Wirtschaftliche Beziehungen

Mann und Frau tragen beide in gleicher Weise, jeder entsprechend seinen Mitteln, zu den Kosten für die Haushaltführung und die Erziehung der Kinder bei. Sie entscheiden gemeinsam über Geschäfte, die das Paar angehen.

Der Güterstand untersteht dem schweizerischen Recht. Der Mann und die Frau wählen folgenden Güterstand (Name des Güterstands).............

6) Kleidervorschriften, berufliche Tätigkeit, Reisen

Die Ehegatten verpflichten sich, weder dem Ehepartner noch den Kindern muslimische Normen bezüglich der Kleidung, des gesellschaftlichen Lebens oder der schulischen und sportlichen Erziehung aufzuzwingen.

Die Frau entscheidet allein über ihre berufliche Tätigkeit. Sie benötigt keine Bewilligung ihres Ehemanns, um Reisen zu unternehmen oder Reise- und Ausweispapiere für sich selbst und ihre Kinder zu erhalten.

7) Auflösung der Ehe durch Scheidung oder Tod

Mann und Frau verpflichten sich, Konflikte gütlich zu bereinigen. Wenn einer von beiden die Ehe auflösen will, verpflichtet er sich, dies vor dem Richter zu tun und keinen Gebrauch von der Verstossung zu machen.

Wenn der Mann oder beide Ehegatten in einem Land leben, wo die Verstossung durch den Mann erlaubt ist, so gesteht der Mann seiner Frau das Recht zu, ihn zu gleichen Bedingungen zu verstossen.

Bei Scheidung erfolgt die Zuteilung der Kinder nach schweizerischem Recht und durch Urteil eines schweizerischen Richters. Werden die Kinder der Frau zugeteilt, so verpflichtet sich der Vater, dieses Urteil zu respektieren und ihr die Kinder nicht wegzunehmen, wo immer auch ihr Wohnort sei. Beim Tod eines Ehegatten werden die Kinder dem überlebenden Gatten zugeteilt.

Die Vermögensaufteilung und die Regelung der Unterhaltspflichten zwischen den Gatten richten sich nach den Grundsätzen des schweizerischen Rechts, auch dann, wenn der Mann oder beide Ehegatten in einem muslimischen Staat leben.

Ausser wenn die Partner etwas anderes bestimmt haben, werden die durch den einen oder anderen Partner während der Ehe erzielten Gewinne als gemeinschaftliches Eigentum betrachtet, das gleichmässig auf die Eheleute aufgeteilt wird.

8) Erbschaft

Der Mann und die Frau unterstellen ihre Erbschaft dem schweizerischen Recht. Sie lehnen jegliche Einschränkungen der Erbfolge aus Gründen der Religion und des Geschlechts des Erben ab. Wird der Nachlass im Ausland eröffnet und lehnt der ausländische Richter es ab, das schweizerische Erbrecht anzuwenden, so anerkennt der vorversterbende Ehegatte im Voraus, dass ein Drittel der Erbschaft als Vermächtnis an den überlebenden Ehegatten gehen soll.

9) Tod und Begräbnis

Hier ist die zwischen den Ehepartnern getroffene Vereinbarung betr. das Begräbnis festzuhalten: Begräbnis in einem konfessionslosen Friedhof, einem kirchlichen Friedhof, Transfer des Leichnams in sein Heimatland, Kremation, etc.

10) Änderung des vorliegenden Vertrages

Mann und Frau verpflichten sich, die in diesem Vertrag getroffenen Vereinbarungen nach Treu und Glauben zu respektieren. Der vorliegende Vertrag kann nur in freiem Einverständnis beider Ehepartner und vor einem Notar abgeändert werden.

Name des Mannes

Seine Unterschrift   Ort und Datum ....……….

Name der Frau

Ihre Unterschrift   Ort und Datum ....……….

Name des 1. Zeugen und seine Adresse

Seine Unterschrift   Ort und Datum ....……….

Name des 2. Zeugen und seine Adresse

Seine Unterschrift   Ort und Datum ....……….

Name des Notars und seine Adresse

Seine Unterschrift   Ort und Datum ....……….

P.S.: Sollte das Paar sich entschliessen, nach der zivilen Trauung eine religiöse islamische Zeremonie in der Schweiz zu feiern oder sich im Ausland religiös oder konsularisch trauen zu lassen, so muss im Dokument, das im Anschluss daran erstellt wird, unbedingt festgehalten werden:

- dass der durch die beiden Ehepartner vor einem Notar unterzeichnete Vertrag ein integrierender Bestandteil dieses Dokumentes ist;

- dass dieser Ehevertrag den Vorrang haben soll, wenn seine Bestimmungen dem Dokument widersprechen, das durch die religiöse oder konsularische Behörde ausgestellt wurde.

Modèle de contrat de mariage

Ce modèle de contrat devrait être rempli séparément par les deux futurs conjoints qui procèdent ensuite à la comparaison de leurs réponses. Le texte final accepté par les deux doit être signé devant un notaire qui en garde un exemplaire. Biffez ou modifiez les passages qui ne conviennent pas.

1) Célébration du mariage

Après mûre réflexion, les soussignés

M............   Né le.....................

Nationalité............   Religion................

Etat civil (célibataire, divorcé, veuf)

et

Mme............   Née le...................

Nationalité...............   Religion................

Etat civil (célibataire, divorcée, veuve)

ont convenu de ce qui suit:

Le mariage a lieu

en Suisse   devant l'état civil de ....

à l'étranger (nom du pays) .... devant ....

Le mariage civil est suivi d'une cérémonie religieuse

(spécifier la cérémonie) ....

ou

Le mariage civil n'est pas suivi d'une cérémonie religieuse.

Leur domicile commun sera (nommer le pays) ....

La femme garde la nationalité suisse.

Elle garde son nom de famille, (ou) elle adopte le nom de famille de son mari.

2) Liberté religieuse des époux

Chacun des époux entend garder sa religion et s'engage à respecter la liberté de religion et de culte de l'autre, y compris le droit de changer de religion.

Le mari et la femme s'engagent à ne pas imposer l'un à l'autre leurs normes relatives à la nourriture.

3) Fidélité et monogamie

Le mari et la femme se doivent aide et fidélité. Ils attestent qu'ils ne sont pas déjà mariés au moment du mariage. Chacun s'engage à ne pas épouser une autre personne tant que ce mariage est maintenu. En cas de fausse attestation ou de violation de l'engagement mentionné, chacun des deux partenaires acquiert le droit de demander le divorce pour cette raison.

4) Enfants

Le mari et la femme affirment s'être soumis à des examens prénuptiaux et s'être mis au courant des résultats de ces examens.

Les enfants seront de religion ....

Ils seront éduqués dans cette religion. Ils bénéficieront de la liberté religieuse à partir de l'âge de 16 ans, y compris le droit de changer de religion, sans aucune contrainte de la part des parents ou de leurs familles respectives, conformément à l'article 303 alinéa 3 du Code civil suisse.

Les enfants porteront des prénoms européens, chrétiens, musulmans, arabes, neutres. Le choix du prénom sera fait d'entente entre les deux parents (éventuellement indiquer déjà les prénoms).

Les enfants seront baptisés à l'âge de ....

Ils choisiront librement de se faire circoncire ou exciser dès l'âge de 18 ans s'ils le souhaitent.

Les enfants seront scolarisés dans des écoles publiques, musulmanes, chrétiennes, juives.

Les enfants seront inscrits sur le passeport de leur mère.

Le conjoint musulman ne s'opposera pas au mariage de ses filles avec un non-musulman.

5) Rapports économiques

Le mari et la femme contribuent sur une base d'égalité, chacun selon ses moyens, aux dépenses du ménage et à l'éducation des enfants. Ils décident conjointement des affaires du couple.

Le régime matrimonial est soumis au droit suisse. Le mari et la femme optent pour le régime (nommer le régime) ....

6) Normes vestimentaires, travail et voyage

Le mari et la femme s'engagent à ne pas s'imposer mutuellement, ni à leurs enfants, des normes islamiques concernant les vêtements, la vie sociale ou l'éducation scolaire et sportive.

La femme décide elle-même de son travail. Elle n'a pas besoin de l'autorisation du mari pour ses voyages et l'obtention des titres de voyages et d'identité pour elle-même et pour ses enfants.

7) Dissolution du mariage par le divorce ou le décès

Le mari et la femme s'engagent à régler leurs conflits à l'amiable. Au cas où l'un des deux souhaiterait mettre fin au mariage, il s'engage à le faire devant le juge et à ne pas faire usage de la répudiation.

Si le mari ou les deux conjoints résident dans un pays qui permet au mari de répudier sa femme, le mari reconnaît de ce fait à sa femme le droit de le répudier aux mêmes conditions que lui.

En cas de divorce, l'attribution des enfants se fera selon la loi suisse et sur décision du juge suisse. Si les enfants sont attribués à la mère, le père s'engage à respecter cette décision et à ne pas les lui retirer, quel que soit leur lieu de résidence. En cas de décès d'un conjoint, les enfants seront attribués au conjoint survivant.

Le partage des biens et les obligations alimentaires entre les époux seront réglés selon le droit suisse, même si le mari ou les deux époux résident dans un pays musulman.

Sauf accord contraire, les biens acquis pendant le mariage par l'un ou l'autre conjoint sont considérés comme propriété commune des deux et seront partagés à égalité.

8) Successions

Le mari et la femme soumettent leurs successions au droit suisse. Ils rejettent toute restriction au droit d'hériter basée sur la religion ou le sexe. Au cas où la succession est ouverte à l'étranger, partiellement ou totalement, et que le juge étranger refuse d'appliquer le droit suisse, chaque conjoint reconnaît d'avance au conjoint survivant le droit au tiers de son héritage net après liquidation du régime matrimonial.

9) Décès et funérailles

Mentionner ici l'accord auquel sont arrivés les deux conjoints concernant les funérailles: enterrement dans un cimetière laïc, enterrement dans un cimetière religieux, transfert du corps dans le pays d'origine, incinération, etc.

10) Modification du présent contrat

Le mari et la femme s'engagent à respecter les clauses de ce contrat de bonne foi. Le présent contrat ne peut être modifié qu'avec le consentement libre des deux conjoints, devant un notaire.

Nom du mari

Sa signature   lieu et date ....

Nom de sa femme

Sa signature   lieu et date ....

Nom du 1er témoin et son adresse

Sa signature   lieu et date ....

Nom du 2ème témoin et son adresse

Sa signature   lieu et date ....

Nom du notaire et son adresse

Sa signature   lieu et date ....

P.S.: Au cas où les époux décident de procéder à une cérémonie religieuse musulmane en Suisse après le mariage civil ou de conclure un mariage religieux ou consulaire à l'étranger, il est indispensable de mentionner expressément dans le document établi à la suite de la cérémonie ou du mariage:

- que le contrat de mariage signé devant notaire par les deux conjoints en fait partie intégrante et

- qu'en cas de contradiction entre les deux, ce contrat doit l'emporter sur le document établi par l'autorité religieuse ou consulaire.

Modello di contratto matrimoniale

Il presente modello di contratto va compilato separatamente dai due nubendi, i quali procederanno in seguito al confronto delle loro rispettive risposte Il testo finale, accettato da entrambi, va da loro sottoscritto innanzi ad un notaio che ne conserva una copia. Annullare o modificare le parti che non si adattano al caso di specie.

1) Celebrazione del matrimonio

A seguito di debita riflessione, i sottoscritti

Sig...............   Nato il ....

Nazionalità..............   Religione..............

Stato civile (celibe, divorziato, vedovo)

e

Sig.ra...............   Nata il ....

Nazionalità..............   Religione..............

Stato civile (nubile, divorziata, vedova)

hanno convenuto quanto segue:

Il matrimonio sarà celebrato

in Svizzera   di fronte all'ufficiale dello
                                     stato civile di..............

all'estero (indicare il paese)...... di fronte a....................

Il matrimonio civile sarà seguito da una cerimonia religiosa (specificare la cerimonia)..............

o

Il matrimonio civile non è seguito da alcuna cerimonia religiosa.

Il domicilio comune degli sposi sarà (indicare il paese)..............

La donna conserva la nazionalità svizzera.

Ella conserva il suo cognome, (ovvero) adotta il cognome del marito.

2) Libertà religiosa di sposi

Ciascun coniuge intende conservare la sua religione e si impegna a rispettare la religione e il culto dell'altro, compreso il diritto di cambiare religione.

Il marito e la moglie si impegnano a non imporsi reciprocamente i principi da essi seguiti in materia di alimentazione.

3) Fedeltà e monogamia

Il marito e la moglie si devono reciprocamente aiuto e fedeltà. Essi dichiarano di non essere, al momento del matrimonio, uniti da altro matrimonio. Ciascuno si impegna a non unirsi in matrimonio ad altra persona fino a quando sussiste il presente matrimonio. In caso di dichiarazione falsa o di violazione del suddetto impegno, ciascuno dei due acquisisce il diritto di chiedere il divorzio per questo motivo.

4) Prole

Il marito e la moglie dichiarano di essersi sottoposti ad esami prenuziali e di esserci reciprocamente informati dei relativi risultati.

I figli saranno di religione..............

Essi saranno allevati nel rispetto di tale religione. Essi acquisteranno la libertà religiosa, compreso il diritto di cambiare religione, a partire dai 16 anni di età, senza alcuna costrizione da parte dei genitori o delle rispettive famiglie, conformemente all'articolo 303, co. 2, del Codice civile svizzero.

I figli porteranno nomi europei, cristiani, musulmani, arabi, neutri. La scelta del nome sarà compiuta d'intesa fra i due genitori (indicare eventualmente i nomi).

I figli saranno battezzati all'età di..............

Essi potranno scegliere liberamente, se lo desiderano, di farsi circoncidere od escidere a partire dall'età di 18 anni.

I figli frequenteranno scuole pubbliche, musulmane, cristiane, ebree.

I figli saranno registrati sul passaporto della madre.

Il coniuge musulmano non si opporrà al matrimonio delle sue figlie con un non-musulmano.

5) Rapporti patrimoniali

Il marito e la moglie contribuiscono in misura eguale, ciascuno proporzionatamente ai suoi mezzi, alle spese della famiglia e alla educazione dei figli. Essi decidono di comune accordo gli affari relativi alla coppia.

Il regime matrimoniale è sottoposto alla legge svizzera. Marito e moglie scelgono il regime (indicare il regime)...............

6) Norme relative all'abbigliamento, al lavoro, ai viaggi

Il marito e la moglie s'impegnano a non imporsi reciprocamente, né ad imporre ai figli, i principi musulmani relativi all'abbigliamento o alla vita sociale e all'educazione scolastica e sportiva.

La donna assume da sé le decisioni circa il suo lavoro. Non ha bisogno dell'autorizzazione del marito per viaggiare né per ottenere passaporto o documento di identificazione, per sé e per i figli.

7) Scioglimento del matrimonio per divorzio o decesso

Il marito e la moglie s'impegnano a risolvere amichevolmente i conflitti che abbiano ad insorgere fra di loro. Nell'ipotesi in cui uno dei due desideri sciogliere il matrimonio, si impegna a farlo davanti al giudice e a non fare uso del ripudio.

Se il marito o i due sposi risiedono in un paese che permette al marito di ripudiare la moglie, il marito riconosce per ciò stesso alla moglie il diritto di ripudiarlo alle stesse condizioni.

In caso di divorzio, l'assegnazione dei figli avrà luogo sulla base di una decisione del giudice svizzero presa in conformità alla legge svizzera. Se i figli sono assegnati alla madre, il padre si impegna a rispettare tale decisione e non sottrarglieli, quale che sia il luogo della loro residenza. In caso di decesso di uno dei coniugi, i figli saranno assegnati al coniuge superstite.

La divisione dei beni e gli obblighi alimentari tra i coniugi sono regolati dal diritto svizzero, anche se il marito o i due sposi risiedono in un paese musulmano.

Salvo accordo contrario, i beni acquisiti durante il matrimonio dall'uno o dall'altro coniuge sono considerati di proprietà comune di entrambi e dovranno essere divisi in parti uguali.

8) Successioni

Il marito e la moglie sottopongono la loro successione al diritto svizzero. Essi rigettano qualsiasi limitazione del diritto di succedere fondato sulla religione o sul sesso. Nel caso in cui la successione si sia aperta all'estero, parzialmente o totalmente, e il giudice straniero rifiuti di applicare il diritto svizzero, ciascun coniuge riconosce sin d'ora al coniuge superstite il diritto ad un terzo del valore netto della sua eredità dopo la liquidazione del regime matrimoniale.

9) Decesso e cerimonia funebre

Indicare qui l'accordo al quale sono pervenuti i due coniugi riguardo ai funerali: sepoltura in un cimitero laico, in un cimitero religioso, rimpatrio della salma nel paese di origine, incenerimento, ecc.

10) Modifica del contratto

Il marito e la moglie s'impegnano ad osservare in buona fede i termini del presente contratto. Il presente contratto non può essere modificato se non con il consenso dei due sposi, liberamente manifestato di fronte ad un notaio.

Nome del marito

Sua firma   luogo e data.................

Nome della moglie

Sua firma   luogo e data.................

Nome e indirizzo del 1 testimone

Sua firma   luogo e data.................

Nome e indirizzo del 2 testimone

Sua firma   luogo e data.................

Nome e indirizzo del notaio

Sua firma   luogo e data.................

P.S.: Nel caso in cui gli sposi decidano di procedere ad una cerimonia religiosa musulmana in Svizzera dopo il matrimonio civile o di concludere un matrimonio religioso o consolare all'estero, è indispensabile indicare espressamente nel documento redatto a seguito della cerimonia o del matrimonio:

- che il presente contratto sottoscritto dai due sposi di fronte al notaio ne è parte integrante, e
- che in caso di contraddizione tra i due documenti, il presente contratto prevale sul documento redatto dall'autorità religiosa o consolare.

Model marriage contract

This model contract should be separately completed by each of the two future spouses, who then compare their answers. The agreed final text should be signed before a notary, who will retain a copy of it. Please cancel or modify any passages which you consider to be inappropriate.

1) Celebration of the marriage

After due consideration, the undersigned

Mr..............   Born on ....

Nationality..............   Religion..............

Civil status (single, divorced, widowed)

and

Mrs...............   Born on ....

Nationality...............   Religion...............

Civil status (single, divorced, widowed)

have agreed as follows:

Their marriage shall take place

in Switzerland   in the civil registry at...............

abroad (name of the country)......   before...............

The civil ceremony shall be followed by a religious ceremony (specify the ceremony).........

or

The civil ceremony shall not be followed by a religious ceremony.

Their common domicile will be (name the country)...............

The wife keeps her Swiss nationality.

She will retain her family name, (or) she will adopt the family name of her husband.

2) Religious freedom of spouses

Each spouse will retain his or her current religion and undertakes to respect the freedom of religion and worship of the other spouse, including the right to change religion.

Each of the spouses undertakes to refrain from imposing his or her dietary norms upon the other.

3) Fidelity and monogamy

The husband and the wife owe each other support and fidelity. Each of them attests that he or she is not married to another person at the time of entering into the present marriage. Each of them undertakes not to marry another person for so long as the present marriage continues. In case of a false attestation or violation of this undertaking by either spouse, the other spouse shall have the right to apply for a divorce on this ground.

4) Children

The husband and the wife affirm that they have submitted to premarital examinations and have informed each other of the results of these examinations.

The children's religion will be...............

They will be educated in this religion. They will have the benefit of religious freedom when they attain the age of sixteen years, including the right to change religion, without constraint on the part of either parent or of their respective families, in conformity with article 303, paragraph 3 of the Swiss Civil Code.

The children will bear European, Christian, Muslim, Arabic, neutral first names. The choice of the first name will be made by agreement between the two parents

(any mutually acceptable first names of boys or girls may be mentioned here:
.............).

Each of the children will be baptised at the age of..............

The children will be free to choose to be circumcised or excised when they attain the age of eighteen years, if they so desire.

The children will be educated in public, Muslim, Christian, Jewish schools.

Each of the children will be included on his or her mother's passport.

The Muslim spouse will not oppose any marriage of his or her daughters with a non-Muslim.

5) Economic relations

Each of the spouses shall contribute on the basis of equality, each according to his or her respective means, to the expenses of the household and to the education of the children. They shall jointly decide all matters affecting the couple.

Their matrimonial property rights shall be governed by Swiss law. The spouses hereby opt for the (please name the chosen matrimonial property relationship)..............

6) Sartorial norms, work and travel

The husband and the wife each undertake not to impose Islamic norms concerning clothing, social life, or education (including physical education), upon one another or upon their children.

The wife will determine her own occupational activities. She shall not require the husband's authorization in order to travel or to obtain transportation tickets and identity documents for herself and for her children.

7) Dissolution of the marriage

The husband and the wife undertake to resolve their differences amicably. In the event that either spouse should wish to terminate the marriage, he/she undertakes to initiate judicial proceedings and not to resort to repudiation.

If the husband or both of the spouses are resident in a jurisdiction which allows the husband to repudiate his wife, the husband hereby accords his wife the right to repudiate him under the same conditions.

In case of divorce, the custody of any children of the marriage will be determined according to Swiss law and by order of a Swiss court. If children are assigned to the mother, the father undertakes to respect that decision and not to take them away from her, whatever is their place of residence. In case of the death of either spouse, custody of the children will be held by the surviving spouse.

The distribution of assets and payment of any maintenance between the spouses will be determined according to Swiss law, even if the husband or both of the spouses reside in a Muslim country.

Assets acquired during the marriage by one or other of the spouses shall be considered as common property of the two spouses and shall be shared equally, unless the two spouses have decided otherwise.

8) Inheritance

The husband and the wife hereby choose Swiss law to govern their successions. They reject any restriction upon the right to inherit which is based on religion or sex. For the event that the succession is administered abroad, partially or completely, and that the relevant foreign legal system prevents the application of Swiss law, each of the spouses hereby makes an advance testamentary allocation to the surviving spouse of one third of his net estate after satisfaction of all matrimonial property rights and obligations.

9) Death and funeral ceremony

The spouses have reached the following agreement concerning their funerals: burial in a secular cemetery, burial in a religious cemetery, repatriation of mortal remains to the country of origin, cremation, etc.

10) Modification of the present contract

The husband and the wife each commit themselves to respect the terms of this contract in good faith. The present contract cannot be modified other than with the free consent of the two spouses, given before a notary.

Name of the husband

His signature   place and date................

Name of the wife

Her signature   place and date................

Name and address of the 1st witness

Signature   place and date................

Name and address of the 2nd witness

Signature   place and date................

Name and address of the notary

Signature   place and date................

P.S.: In the event that the spouses decide to proceed with a Muslim religious ceremony after the civil ceremony or to conclude a religious or consular marriage abroad, it will be indispensable to expressly mention in the document which evidences that ceremony or marriage:

-   that this premarital contract signed by the two spouses before a notary is an integral part of their agreement to marry, and
-   that in case of any discrepancy between the two, the present contract shall have priority over the document executed by the religious or consular authority.

Modelo de Contrato de casamiento

Este modelo de contrato debería ser llenado por separado por los dos futuros cónyuges que procederán luego a la comparación de sus respuestas. El texto final, aceptado por los dos, debe estar firmado delante de un escribano quien guardará una copia del ejemplar. Tache o modifique los pasajes que no convienen.

1) Celebración del casamiento

Luego de reflexión madura, los que suscriben

Sr............................... nacido el ....

de nacionalidad .... de religión ....

Estado civil (soltero, divorciado, viudo)

y

Sra........................... nacida el ....

de nacionalidad .... de religión ....

Estado civil (soltero, divorciado, viudo)

han convenido lo que sigue:

El casamiento tiene lugar

En Suiza delante del estado civil ....

en el extranjero (nombre del país) .... delante de ....

El casamiento civil es seguido de una ceremonia religiosa (especificar) ....

ó

El casamiento civil no es seguido de una ceremonia religiosa

Su domicilio común será (nombrar el país) ....

La mujer conservará la nacionalidad suiza

Conserva su apellido de soltera (ó) adopta el apellido del marido.

2) Libertad religiosa de los esposos

Cada uno de los esposos pretende conservar su religión y se compromete a respetar la libertad de religión y de culto del otro, incluido el derecho de cambiar de religión.

El marido y la mujer se comprometen a no imponerse normas relativas al alimento.

3) Fidelidad y monogamia

El marido y la mujer se deben ayuda y fidelidad. Ellos confirman que no están casados en el momento del casamiento. Cada cual se compromete a no casarse con otra persona mientras este matrimonio esté en vigencia. En caso de falsa declaración o de violación del compromiso mencionado, cada uno de los esposos adquiere el derecho de solicitar el divorcio por esta razón.

4) Hijos

El marido y la mujer afirman someterse al examen prenupcial y estar al corriente de esos resultados.

Los hijos serán de religión ....

Se educarán en esta religión. Tendrán el beneficio de la libertad religiosa a partir de los 16 años de edad, incluso el derecho de cambiar de religión, sin ninguna traba de parte de sus padres o de las respectivas familias, conforme el artículo 303, alinea 3 el Código civil suizo.

Los niños llevarán nombres europeos, cristianos, musulmanes, árabes, neutros. La elección del nombre será de común acuerdo de los padres (eventualmente, indicar ya los nombres)

Los niños serán bautizados a la edad de ....

Escogerán libremente ser circuncidados o escindidos a la edad de 18 años, si así lo desean.

Los niños serán escolarizados en escuelas públicas, musulmanas, cristianas, judías.

Los niños estarán inscriptos en el pasaporte de su madre.

5) Relaciones económicas

El marido y la mujer contribuyen sobre la base de la igualdad, según sus medios, en los gastos del hogar y la educación de los niños. Deciden conjuntamente los asuntos de la pareja.

El régimen matrimonial está sometido al derecho suizo. El marido y la mujer optan por el régimen (nombrarlo) ....

6) Normas de vestimentas, trabajo y viaje

El marido y la mujer se comprometen a no imponerse mutuamente, ni a sus niños, normas islámicas de vestimenta, de vida social o de educación escolar y deportiva.

La mujer decide por sí misma su trabajo. No necesita autorización del marido para sus viajes, ni para la obtención de los permisos de viajes para ella misma y para sus hijos.

7) Disolución del casamiento por divorcio o muerte

El marido y la mujer se comprometen a arreglar sus conflictos de manera amigable. En caso de que uno de los dos desee poner fin al matrimonio, se compromete a hacerlo delante del juez y a no usar la repudiación.

Si el marido o ambos cónyuges viven en un país que permite al marido repudiar a su mujer, el marido le concede a la mujer el mismo derecho, sobre él.

En caso de divorcio, la atribución de los niños se hará según la ley suiza y sobre la decisión del juez suizo. Si los niños se los dan a la madre, el padre se compromete a respetar esta decisión y a no quitárselos por razones religiosas, sea cual fuere su lugar de residencia. En caso de muerte de uno de los cónyuges, los niños serán atribuidos al cónyuge sobreviviente.

El reparto de bienes y obligaciones alimentarias entre los esposos estarán arreglados según el derecho suizo, incluso si el marido o los dos esposos residen en un país musulmán.

En todos los casos, los bienes adquiridos durante el casamiento serán considerados como propiedad común de los dos y serán repartidos en partes iguales.

8) Sucesiones

El marido y la mujer someten su sucesión al derecho suizo. Rechazan toda restricción de heredar, basada en el sexo o la religión. En caso de que la sucesión se abran en el extranjero, y que el juez extranjero rechace aplicar el derecho suizo, cada cónyuge reconoce, de antemano, al cónyuge sobreviviente el derecho a un tercio de su herencia neta, luego de la liquidación del régimen matrimonial.

9) Muerte y funerales

Mencionar aquí el acuerdo al que llegan los cónyuges concerniente a los funerales: entierro en el cementerio laico, entierro en un cementerio religioso, repatriación de los restos al país de origen, inhumación, etc.

10) Modificación del presente contrato

El marido y la mujer se comprometen con respetar las cláusulas de este contrato de buena fe. EL presente contrato no puede ser modificado que con el consentimiento libre de ambos cónyuges, delante de escribano.

Nombre del marido

Firma   lugar y fecha ....

Nombre de la esposa

Firma   lugar y fecha ....

1er testigo y dirección ....

Firma   lugar y fecha ....

2do testigo y dirección ....

Firma   lugar y fecha ....

Escribano y dirección ....

Firma   lugar y fecha ....

PS. En caso de que los esposos decidan proceder a una ceremonia religiosa musulmana en Suiza, luego del casamiento civil o de concluir el casamiento religioso o consular en el extranjero, es indispensable mencionar expresamente en el documento establecido, luego de la ceremonia del matrimonio:

- que el contrato de casamiento firmado ante escribano pos ambos cónyuges forma parte de él y

- que en caso de contradicción entre ambos, el presente contrato lo conlleva sobre el documento establecido por la autoridad religiosa o consular.

نموذج عقد زواج

على الطرفين تعبئة هذا النموذج كل من جهته ثم مقارنة أجوبتهما. كما يجب إمضاء النص النهائي المتفق عليه من الطرفين أمام كاتب عدل الذي يحتفظ بنسخة منه. الرجاء شطب أو تغيير ما هو غير ملائم.

1) مراسيم الزواج

بعد تفكير ناضج قرر الموقعان

السيد .... المولود في ....

جنسيته .... ديانته ....

الحالة المدنية (أعزب، مطلق، أرمل)

و

السيدة .... المولودة في ....

جنسيتها .... ديانتها ....

الحالة المدنية (عزباء، مطلقة، أرملة)

ما يلي

تتم مراسيم الزواج في

سويسرا   أمام مكتب الحالة المدنية ....

في الخارج (ذكر البلد)...............أمام ....

سوف تتبع مراسيم الزواج المدني مراسيم دينية (ذكر نوعية المراسيم)...............

أو

لن تتبع مراسيم الزواج المدني مراسيم دينية.

سوف يكون مسكنهما المشترك في (ذكر البلد) ....

تحتفظ الزوجة بجنسيتها السويسرية.

تحتفظ الزوجة باسمها العائلي، (أو) تأخذ اسم زوجها العائلي.

2) الحرية الدينية للزوجين

يحتفظ كل من الزوجين بديانته ويتعهد باحترام ديانة الطرف الآخر وحقه في العبادة، بما في ذلك الحق في تغيير ديانته.

يتعهد كل من الزوجين بعدم فرض عاداته الغذائية على الطرف الآخر.

3) الأمانة وعدم تعدد الزوجات

يتعهد كل من الزوجين التعاون والأمانة نحو الطرف الآخر. ويقران بأنهما غير مرتبطين بزواج آخر وقت مراسيم الزواج. ويتعهد كل منهما بعدم عقد زواج آخر ما دام هذا الزواج قائم. في حال إقرار كاذب أو عدم احترام هذا التعهد، لكل من الزوجين الحق في طلب الطلاق لهذا السبب.

4) الأولاد

يقر كل من الزوجين بأنهما قاما بالفحوصات الطبية قبل الزواج وأنهما أطلعا الطرف الآخر على نتائج هذه الفحوصات.

ينتمي الأولاد للديانة...............

سوف يتم تربية أولادهما وفقاً لهذه الديانة ويتمتع الأولاد بالحرية الدينية عند بلوغهم سن السادسة عشرة، بما في ذلك حق تغيير ديانتهم، دون أي ضغط من طرف الوالدين أو عائلتيهما، وذلك وفقاً للفقرة الثالثة من المادة 303 من القانون المدني السويسري.

يحمل الأطفال أسماء أوروبية، مسيحية، إسلامية، عربية، محايدة. يتم اختيار الأسماء بموافقة الوالدين (ذكر بعض الأسماء للبنين والبنات).

سوف يتم تعميد الأولاد في سن ....

يختار الأولاد بكل حرية الختان عند بلوغهم سن الثامنة عشرة إذا أرادوا ذلك.

يلتحق الأولاد بالمدارس العامة، الإسلامية، المسيحية، اليهودية.

يتم تسجيل الأولاد في جواز الأم.

لن يعترض الطرف المسلم على زواج بناته من غير مسلمين.

5) العلاقات المالية

يشارك كل من الزوجين على قدم المساواة ووفقاً لإمكانيات كل منهما في مصارف البيت وتربية الأولاد. ويتخذان معاً القرارات بخصوص شئونهما.

يخضع النظام المالي للقانون السويسري. ويختار الزوجان نظام (ذكر النظام المالي)..............

6) نظام الملابس والعمل والسفر

يتعهد كل من الزوجين بعدم فرض نظام الملابس الإسلامية على بعضهما أو على أولادهما أو النظام الاجتماعي الإسلامي بخصوص تربية الأولاد أو الرياضة.

تقرر الزوجة بنفسها مجال عملها ولا تحتاج إلى إذن زوجها للسفر أو للحصول على وثائق السفر أو الوثائق الشخصية فيما يخصها ويخص أولادها.

7) انحلال الزواج من خلال الطلاق أو الوفاة

يتعهد كل من الزوجين حل مشاكلهما بالوسائل الودية. وإذا أراد أحد الزوجين إنهاء الزواج فإنه يتعهد القيام بذلك أمام المحكمة وليس بواسطة نظام الطلاق الإسلامي.

إذا كان الزوج أو كل من الزوجين في بلد يسمح للزوج تطليق زوجته بواسطة نظام الطلاق الإسلامي، فإن الزوج يقر لزوجته بحق تطليقه بنفس الشروط التي تنطبق عليه.

في حالة الطلاق، يتم تقرير منح الأولاد وفقاً للقانون السويسري ووفقاً لقرار المحكمة السويسرية. وإذا تم منح الأولاد للأم، يتعهد الزوج باحترام هذا القرار وعدم حرمانها من أطفالها مهما كان مكان إقامتهما. وفي حالة وفاة أحد الزوجين، يمنح الأولاد للزوج الآخر.

يتم تقسيم الأموال وواجبات الإعالة بين الزوجين وفقاً للقانون السويسري حتى وإن كانت إقامة الزوج أو الزوجين في بلد مسلم.

في حال عدم الاتفاق على عكس ذلك، تعتبر الأموال التي أكتسبها الزوجان خلال الزوجية ملكاً مشتركاً لهما ويتم تقسيمها بالتساوي.

8) الميراث

يخضع ميراث الزوج والزوجة للقانون السويسري ويرفضان كل انتقاص في الإرث بسبب الدين أو الجنس. وإذا تم فتح الميراث خارج سويسرا، كاملاً أو جزئياً، ورفضت المحكمة تطبيق القانون السويسري، فإن كل من الزوجين يقر للزوج الآخر بثلث ميراثه بعد تصفية النظام المالي.

9) الوفاة والدفن

أذكر هنا اتفاق الزوجين بخصوص الدفن: في مقبرة علمانية، في مقبرة دينية، نقل الجثة لبلد الأصل، الحرق، الخ.

10) تعديل هذا العقد

يتعهد كل من الزوجين احترام ما جاء في هذا العقد بحسن نية. ولا يمكن تغيير هذا العقد إلا بموافقة الزوجين وبصورة حرة أمام كاتب عدل.

اسم الزوج

إمضاؤه   المكان والتاريخ..................

اسم الزوجة

إمضاؤها   المكان والتاريخ..................

اسم الشاهد الأول

إمضاؤه   المكان والتاريخ..................

اسم الشاهد الثاني

إمضاؤه   المكان والتاريخ..................

اسم كاتب العدل

إمضاؤه   المكان والتاريخ..................

ملاحظة هامة: إذا قرر الزوجان القيام بمراسيم دينية إسلامية في سويسرا بعد المراسيم المدنية أو عقد زواج ديني أو قنصلي في الخارج، لا بد من التوضيح في الوثيقة التي يتم وضعها بعد تلك المراسيم أو ذاك الزواج:

-   بأن عقد الزواج الذي تم التوقيع عليه أمام كاتب العدل هو جزء لا يتجزأ من تلك الوثيقة.

-   وأنه في حالة تناقض بين الوثيقة وهذا العقد فإن لهذا العقد الأولوية على الوثيقة التي تم وضعها أمام السلطة الدينية أو القنصلية.

Adressen von Beratungsstellen

Artikel 171 des Schweizerischen Zivilgesetzbuches bestimmt: «Die Kantone sorgen dafür, dass sich die Ehegatten bei Eheschwierigkeiten gemeinsam oder einzeln an Ehe- oder Familienberatungsstellen wenden können».

Anschliessend finden Sie eine Liste von Organisationen (Adressen, Telephon- und Telefaxnummern können gelegentlich ändern), die nicht nur bei Problemen während der Ehe konsultiert werden können, sondern auch bereit sind, Sie vor der Eheschliessung zu beraten und zu informieren. Was religiöse Fragen anbelangt, haben Sie ferner die Möglichkeit, bei örtlichen Pfarreizentren, die sich mit Ehevorbereitung befassen, Informationen einzuholen. Diese Pfarreien organisieren auch gelegentlich Kurse und Zusammenkünfte zur Vorbereitung auf die Ehe. Interessierte Paare können sich auch an die islamische Kulturstiftung (Fondation culturelle islamique, ch. Colladon 34, Petit-Saconnex, 1209 Genf, Tel. 022 798 37 11, Fax 022/798 49 38) wenden, um die Adresse des islamischen Zentrums zu erhalten, das ihrem Wohnort am nächsten liegt.

Einige der aufgeführten Stellen sind Kirchen angeschlossen, andere sind konfessionslos oder staatlich. Gewisse verrechnen ein Honorar oder verlangen einen Kostenbeitrag, bei anderen ist die Beratung kostenlos. In jedem Fall kommt aber auch ein Ratschlag, der bezahlt werden muss, viel weniger teuer zu stehen als eventuell später auftretende Probleme. Interessierte Personen können sich an das Zentrum für arabisches und islamisches Recht (www.sami-aldeeb.com) wenden für weitere Auskünfte betreffend des Landes des moslemischen Partners.

- Basel: Beratungsstelle für Frauen der Evang.-ref. Kirche, Maiengasse 64, 4009 Basel, Tel. 061/3828729.
- Basel: Beratungsstelle für Frauen, Kath. Frauenbund, Birmannsgasse 34, 4055 Basel, Tel. 061/2723539.
- Basel: COMPAGNA Sektion Basel-Stadt. Beratungsstelle für Binationale Paare und Familien, Steinengraben 69, 4051 Basel, Tel. 061/2713349.
- Basel: IG Binational, Verein binationaler Partnerschaften und Familien, Postfach, 8021 Zürich, Tel. 01/3226777. (Kontakte via Adresse der Sektion Zürich)
- Basel: IRAS, Heidi Rudolf, St-Katharinawerk, Holeestr. 123, 4054 Basel, Tel. 061/3072250.
- Bellinzona: Consultorio familiare, Viale Motta 3a, 6500 Bellinzona, Tel. 091/8262144.
- Bern: Auskunftsstelle «Ehen mit Ausländern», Beratungsstelle frabina, Schweizerischer Evangelischer Verband Frauenhilfe, Sektion Bern, Laupenstrasse 2, 3008 Berne, Tel. 031/3812701.
- Bern: Auslandschweizer Sekretariat, Alpenstrasse 26, 3000 Bern 16, Tel. 031/3516100.

- Bern: Eidgenössische Ausländerkommission, Monbijoustrasse 49, 3003 Bern, Tel. 031/3259116.
- Bern: IG Binational, Verein binationaler Partnerschaften und Familien, Postfach, 8021 Zürich, Tel. 01/3226777 (Kontakte via Adresse der Sektion Zürich).
- Bern: Schweizerische Stiftung Zämeläbe, Waffenweg 15, 3014 Bern, Tel. 031/3301010.
- Bex: Consultations conjugales Profa, av. de la Gare 14, 1880 Bex, Tel. 021/4630363.
- Chaux-de-Fonds: Centre social protestant, Consultation conjugale, juridique et sociale, Rue du Temple-Allemand 23, 2300 Chaux-de-Fonds, Tel. 032/9683731.
- Chaux-de-Fonds: Service de consultations conjugales, Rue du Collège 9, 2300 Chaux-de-Fonds, Tel. 032/9197519.
- Chavannes: Centre de préparation au mariage, M. et Mme Claude et Anne-Marie Médico, Rue centrale 30, 1022 Chavannes, Tel. 021/6346230.
- Delémont: Service de consultation conjugale et familiale de l'Eglise catholique, Ch. de Bellevoie 8, 2800 Delémont, Tel. 032/4225429.
- Echarlens: Centre de préparation au mariage, M. l'Abbé Gaston Thiémard, Au village, 1646 Echarlens, Tel. 026/9152078.
- Freiburg: Service de consultation conjugale, R. Romont 14, 1700 Fribourg, Tel. 026/3225477.
- Genf: Centre d'information familiale et de régulation des naissances (CIFERN), 47 Boulevard de la Cluse, 1205 Genf, Tel. 022/3210191, Fax 022/3210221.
- Genf: Centre social protestant, consultation conjugale, familiale, juridique et sociale, 14 Rue du Village-Suisse, 1211 Genf 8, Tel. 022/8070700, Fax 022/8070701.
- Genf: Couple et famille: Consultation au service du couple et de la famille, 12 Adrien Lachenal, 1207 Genf, Tel. 022/7361455, Fax 022/7360821.
- Genf: Ecole des parents, Rue de la Servette 91, 1202 Genf, Tel. 022/7331200.
- Genf: F-Information: dialogue, orientation, documentation pour les femmes et leur famille, Rue de la Servette 19, Case postale 125, 1211 Genf 7, Tel. 022/7403100, Fax 022/7403144.
- Genf: Fondation suisse du Service social international, Branche suisse, Rue Alfred-Vincent 10, 1201 Genf, Tel. 022/7316700, Fax 022/7316765.
- Genf: Office protestant de consultation conjugale et familiale, 10 R. de la Madeleine, 1204 Genf, Tel. 022/3118211, Fax 022/3122979.
- Graubünden: IG Binational, Verein binationaler Partnerschaften und Familien, Postfach, 8021 Zürich, Tel. 01/3226777 (Kontakte via Adresse der Sektion Zürich).

- Langnau: IG Binational, Verein binationaler Partnerschaften und Familien, Postfach, 8021 Zürich, Tel. 01/3226777 (Kontakte via Adresse der Sektion Zürich).
- Lausanne: Appartenances, chemin des Terreaux, C.P. 52, 1000 Lausanne 9, Tel. 021/3411250, Fax 021/3411252.
- Lausanne: Bureau Information Femmes, Av. Eglantine 6, Lausanne, Tel. 021/3200404.
- Lausanne: Caritas Vaud, Secrétariat et service social, rue Dr César-Roux 8, Case postale 237, 1000 Lausanne 17, Tel. 021/3203461, Fax 021/3203401.
- Lausanne: Centre social protestant, Consultation conjugale, juridique et sociale, Rue Beau-Séjour 28, 1003 Lausanne, Tel. 021/3205681.
- Lausanne: Schweizerisches Institut für Rechtsvergleichung, Dorigny, 1015 Lausanne, Tel. 021/6924911, Fax 021/6924949.
- Lausanne: Profa, consultation conjugale, Av. Georgette 1, 1005 Lausanne, Tel. 021/3122458, Fax 021/3122654.
- Locarno: Centro studi coppia & famiglia, Via S. Francesco 4, 6600 Locarno, Tel. 091/7522928.
- Luzern: Migratio Kommission der Schweizer Bischofskonferenz, Neustadtstr. 7, 6003 Luzern, Tel. 041/2100347.
- Lugano: Comunità familiare, Via Trevano 13, 6900 Lugano, Tel. 091/9233094.
- Martigny: Centre SIPE, consultation conjugale, planning familial, centre de grossesse, éducation sexuelle, Avenue de la Gare 38, 1920 Martigny, Tel. 027/7228717.
- Mendrisio-Borgo: Centro coppia & familia, Palazzo Pollini, 6850 Mendrisio-Borgo, Tel. 091/6460414.
- Le Mont-Pélerin: Centres de préparation au mariage de la Suisse romande, M. et Mme Françoise et Walter Coninckx, route de Baumaroche 38A, 1801 Le Mont-Pélerin (An dieser Adresse können Sie die Namen der in der Westschweiz aktiven Zentren erhalten)
- Monthey: Consultation conjugale, Centre SIPE, rue du Fay 2B, 1870 Monthey, Tel. 024/ 471 00 13, Fax 024/4710014.
- Montreux: Administration communale de Montreux, consultation conjugale, Avenue des Alpes 18, 1820 Montreux, Tel. 021/9627830.
- Morges: Consultations conjugales Profa, Rue Couvaloup 10, 1110 Morges, Tel. 021/8033838.
- Moutier: Centre social protestant Berne-Jura, Consultation conjugale, juridique, sociale et familiale, Rue centrale 59, 2740 Moutier, Tel. 032/4933221.
- Neuenburg: Centre social protestant, Rue des Parcs 11, 2000 Neuenburg, Tel. 032/7251155.

- Neuenburg: Service de consultations conjugales, rue Pourtalès 1, 2000 Neuenburg, Tel. 032/919 75 19.
- Nyon: Consultations conjugales Profa, Rue Juste-Olivier 7, 1260 Nyon, Tel. 022/3621474.
- Payerne: Eglise Evangélique Réformée, Maison de paroisse, Consultation conjugale, juridique et sociale, Rue des Rammes 11, 1530 Payerne, Tel. 026/6601530.
- Porrentruy: Service de consultation conjugale et familiale de l'Eglise catholique, Rue Thurmann 6, 2800 Porrentruy, Tel. 032/4225429.
- Saignelégier: Service de consultation conjugale et familiale de l'Eglise catholique, Rue de la Gruyère 6, 2350 Saignelégier, Tel. 032/4225429.
- Siders: Centre SIPE, consultation conjugale et planning familial, Place de la gare 10, 3960 Siders, Tel. 027/4565453.
- Sitten: Centre SIPE, consultation conjugale et planning familial, Rue des Remparts 6, 1950 Sitten, Tel. 027/3229244.
- St. Gallen: Auskunftsstelle «Ehen mit Ausländern», Beratungsstelle und Sozialdienst für Frauen und Familien, Frongartenstrasse 16, 9000 St. Gallen, Tel. 071/2280980.
- St. Gallen: IG Binational, Verein binationaler Partnerschaften und Familien, Postfach, 8021 Zürich, Tel. 01/3226777. (Kontakte via Adresse der Sektion Zürich).
- Tavannes: Service de consultation conjugale et familiale de l'Eglise catholique, Rue de Tramelan 10, 2710 Tavannes, Tel. 032/4812380.
- Vevey: Pro Familia, consultation conjugale, Centre Panorama, Rue du Clos 9, 1800 Vevey, Tel. 021/9255319.
- Yverdon: Centre social régional Yverdon-Grandson, Consultation conjugale, juridique et sociale, 1400 Yverdon, Tel. 024/4236900.
- Zürich: Auskunftsstelle «Ehen mit Ausländern», Abteilung des Kirchlichen Sozialdienstes, Klosbachstrasse 51, 8032 Zürich, Tel. 01/2685010.
- Zürich: FIZ Fraueninformationszentrum, Badenerstr. 134, 8004 Zürich, Tel. 01/2404422, Fax 01/2404423.
- Zürich: IG Binational, Verein binationaler Partnerschaften und Familien, Postfach, 8021 Zürich, Tel. 01/3226777.

Kurze Bibliographie

- Aldeeb Abu-Sahlieh, Sami A.: Les Musulmans en Occident entre droits et devoirs, L'Harmattan, Paris, 2002, 296 Seiten.
- Aldeeb Abu-Sahlieh, Sami A.: Les musulmans face aux droits de l'homme: religion, droit et politique, Editeur: Winkler, P.O.B. 102665, 44726 Bochum, Allemagne, 1994, 610 Seiten.
- Aldeeb, Sami et Bonomi, Andrea (éd.): Le droit musulman de la famille et des successions à l'épreuve des ordres juridiques occidentaux, Schulthess, Zürich, 1999, 353 Seiten.
- Angehrn, Thomas et Weibel, Werner: Christlich-islamische Partnerschafter, Pastorale Handreichung der katholischen Kirche in der Schweiz, in Zusammenarbeit mit der Arbeitsgruppe Muslime der SKAF, Luzern, 1999, 75 Seiten.
- Angehrn, Thomas et Werner Weibel: Mariages islamo-chrétiens - Guide Pastoral de l'Eglise catholique en Suisse, édition romande: Alain René Arbez, en collaboration avec le groupe de travail «Musulmans» de la SKAF Luzern, Luzern, 1999, 70 Seiten.
- Barbara, A.: Mariages sans frontières, Centurion, Paris, 1985, 278 Seiten.
- Billy, G.: Le Couple mixte, 1986, Carcassonne, chez l'auteur, 17 rue de Lorraine, 11000 Carcassonne.
- CEC & CCEE: Mariages entre chrétiens et musulmans - orientations pour les églises et les chrétiens en Europe, El Kalima, Bruxelles, 27/05/97, 43 Seiten.
- Commission fédérale des étrangers: Mariages binationaux, 3000 Berne, 1998.
- Commissione federale degli stranieri: Matrimoni misti, 3003 Bern, 1998.
- Couples islamo-chrétien: promesse ou impasse, Editions du Soc, Lausanne, 107 Seiten.
- Dejeux, J.: Image de l'étrangère - Unions mixtes franco-maghrébines (La Boite à Documents, Paris, 1989, 312 Seiten.
- Dossier Mariages Islamo-Chrétiens, Accueil-Rencontre N°118 (1988) C.P.M., Paris.
- Eidgenössische Ausländerkommission: Binationale Ehen, 3003 Bern, 1998.
- Guide pastoral des mariages islamo-chrétiens, Centre d'œcuménisme, Montréal, 2001. 106 Seiten.
- Manaf, Abdelouahed: Problèmes du couple mixte face au droit et à la société, cas franco-marocain, Casablanca, 1990, 215 Seiten.
- Muller, M.: Couscous pommes frites - Le couple franco-maghrébin d'hier à aujourd'hui, Rebours, Ramsay, Paris, 1987, 255 Seiten.
- Muslime und schweizerische Rechtsordnung / Les musulmans et l'ordre juridique suisse, Editions universitaires de Fribourg, Fribourg, 2002, 650 Seiten.

- Musulmans en Suisse, Muslime in der Schweiz, Musulmani in Svizzera, Tangram, no 7, 1999, 126 Seiten.
- Pastoral guidelines for Muslim-Christian marriages, Center for ecumenism, Montréal, 2001, 106 Drizrn.
- SRI: Dossier: Les mariages Islamo-chrétiens (3ème version).
- Streiff-Fenart, Jocelyne: Les couples franco-maghrébins en France, L'Harmattan, Paris, 1989, 155 Seiten.

www.ingramcontent.com/pod-product-compliance
Lightning Source LLC
Chambersburg PA
CBHW081243180526
45171CB00005B/520

* 9 7 8 1 4 8 1 0 3 8 6 9 0 *